Les Grands Textes du Moyen Âge et du XVIe siècle

Présentation, notes, questions et après-texte établis par

NATHALIE LEBAILLY

MATTHIEU GAMARD
professeurs de Lettres

MAGNARD

Sommaire

Après-texte

PRÉSENTATION

Une langue neuve

La littérature du Moyen Âge et de la Renaissance est protégée des regards indiscrets par de hauts murs. Langue devenue inaccessible, univers culturel difficilement compréhensible, représentations caricaturales de deux époques (barbare pour la première, naïvement humaniste pour la seconde) : tout concourt à éloigner le lecteur. C'est pourquoi ce recueil voudrait contribuer à changer le regard des adolescents sur la littérature de l'ancien et du moyen français. Rien d'ancien en réalité puisque c'est d'une langue naissante dont il s'agit et ces extraits retracent la lutte – et la victoire – du français pour égaler puis supplanter le prestige du latin. Chacun représente donc à sa façon une *Défense et illustration de la langue française.*

Des genres variés

À la fin du XIe siècle, *La Chanson de Roland* inaugure la littérature en langue vulgaire par l'épopée guerrière. Un siècle plus tard, c'est à la femme et à la passion amoureuse que les romans de la Table ronde et *Tristan et Yseut* donnent une place de choix. Ces œuvres sérieuses ne doivent pas masquer pour autant que, durant tout le Moyen Âge, la veine comique est aussi très vivante à travers le théâtre (les farces), les formes narratives brèves (les fabliaux) ou encore la fiction animalière de dérision (*Le Roman de Renart*). Les nouvelles de *L'Heptaméron* (1548) ou le monumental cycle rabelaisien héritent de cette diversité narrative médiévale : de *Pantagruel* au *Quart Livre* (1532-1552), la chronique des géants associe idéal humaniste et verve comique.

Comme le montre le succès de Jean de Léry avec *L'Histoire d'un voyage fait en la terre du Brésil* (1578), ce sont les grandes découvertes du XVIᵉ siècle qui font du récit de voyage un genre à la mode, même si Marco Polo avait ouvert la voie dès le XIIᵉ siècle (*Livre des merveilles*).

N'ayons garde d'oublier les poètes qui illustrent en français des thèmes traditionnels. Les saisons, la mort, l'amour, la nostalgie trouvent une nouvelle force dans des formes dégagées des modèles latins : Villon et Charles d'Orléans héritent du rondeau ou de la ballade ; Du Bellay, Ronsard et Louise Labé acclimatent un nouveau venu, le sonnet italien.

Grandeur et misère de l'auteur

Pendant ces cinq siècles de gestation, la place et l'identité des auteurs se modifient. Les premiers sont inconnus ou invisibles : nombreux sont les textes médiévaux anonymes, et nous ne savons rien en somme de Chrétien de Troyes, de Béroul ou de Turold (le supposé rédacteur de *La Chanson de Roland*). Puis, l'écriture pénètre de larges couches de la société et s'émancipe du monde religieux. On trouve ainsi parmi les auteurs de grands princes et des aristo-crates (Charles d'Orléans, Marguerite de Navarre, Du Bellay), un marchand (Marco Polo), un cordonnier (Jean de Léry), un moine-médecin (Rabelais), des femmes (Louise Labé et Marguerite de Navarre), et même… un truand qui échappe de justesse à la potence (Villon). C'est cette compagnie bigarrée qui nous invite à la décou-verte du patrimoine littéraire médiéval et renaissant.

Moyen Âge

LA CHANSON DE ROLAND

Texte 1 : La sonnerie du cor

Au XIe siècle, La Chanson de Roland exalte dans un long poème épique en décasyllabes la bataille de Roncevaux survenue trois siècles plus tôt. Vaincu par les Sarrasins, Roland, qui commande l'arrière-garde, finit par appeler à l'aide son oncle l'empereur.

133

Roland a porté le cor à ses lèvres. Il l'embouche bien et sonne à pleins poumons. Les montagnes sont hautes et le son se prolonge dans le lointain. À plus de trente lieues, on en perçoit l'écho. Charles l'entend et toute son armée aussi. Le roi
5 déclare : « Nos troupes livrent bataille ! » Mais Ganelon[1] lui oppose : « Si quelqu'un d'autre vous le disait, vous penseriez que c'est un beau mensonge ! »

134

Le comte Roland haletant à grand-peine souffre terriblement en sonnant du cor. Son sang clair jaillit hors de sa bouche et ses
10 tempes en éclatent. La portée de son cor est très grande et Charles le perçoit, lui qui est en train de franchir les défilés. Le

---

1. Vassal de Charlemagne qui a vendu Roland aux Sarrasins.

duc Naimes l'entend et les Français l'écoutent. Le roi s'écrie :
« J'entends le cor de Roland ! Jamais il n'en aurait sonné s'il
n'avait livré bataille. » Mais Ganelon proteste : « Il n'y a pas de
15 bataille ! Vous êtes vieux et votre tête est toute blanche. De semblables paroles vous font ressembler à un enfant. Vous ne
connaissez que trop le grand orgueil de Roland. C'est même
étonnant que Dieu le supporte depuis si longtemps. Déjà il a
pris Noples sans votre ordre. Les Sarrasins assiégés ont tenté
20 une sortie pour combattre Roland le bon vassal. Alors Roland
fit laver à grande eau les prés pour que disparaissent les taches
de sang. Un seul lièvre suffit à le faire sonner du cor toute la
journée. En ce moment, il est en train de s'amuser devant ses
pairs[1]. Il n'y a personne au monde qui oserait le provoquer sur
25 un champ de bataille. Continuez donc à chevaucher ! Pourquoi
vous arrêter ? La Terre des Aïeux[2] est bien loin devant nous. »

135

Le comte Roland a la bouche pleine de sang. Ses tempes se
sont rompues. Il sonne du cor avec douleur et à grand-peine.
Charles l'entend et ses Français deviennent attentifs. Le roi s'ex-
30 clame : « Ce cor a une portée bien longue ! » Le duc Naimes lui
explique : « C'est qu'un chevalier y met toutes ses forces !
D'après moi il livre bataille. Celui qui l'a trahi vous demande

1. Les siens.
2. La France.

de manquer à votre devoir. Armez-vous et lancez votre cri de
guerre. Allez au secours de vos nobles vassaux. Vous le compre-
35 nez bien : Roland est au désespoir ! »

L'empereur a fait retenir ses cors. Les Français descendent de
cheval et s'équipent : cuirasses, casques, épées ornées d'or,
beaux boucliers, épieux grands et robustes, bannières[1] blanches,
rouges et bleues. Tous les seigneurs de l'armée enfourchent
40 leurs chevaux de bataille. Ils les piquent vigoureusement des
éperons pendant toute la traversée des défilés. Ils se disent tous
entre eux : « Si nous pouvions voir Roland avant sa mort, avec
lui nous frapperions de grands coups ! » Mais à quoi bon ? ils
ont trop tardé.

136

45 C'est par une fin d'après-midi brillante de lumière. Au soleil
les armures resplendissent. Cuirasses et casques lancent des
flammes ainsi que les boucliers décorés de fleurs, les épieux et
les bannières dorées. L'empereur chevauche bouillant de colère
et les Français sont remplis de chagrin et de fureur. Tous san-
50 glotent, angoissés sur le sort de Roland. Le roi fait saisir le
comte Ganelon et il le livre aux gens de sa cuisine. Il convoque
Besgon leur grand chef : « Surveille-le-moi bien, comme il
convient pour le traître qu'il est. Il a trahi tous les miens. »
Besgon s'en empare, le livre à cent garçons employés à la cui-

---

1. Étendards, drapeaux.

55 sine, des meilleurs comme des pires, qui, poil à poil, lui arrachent la barbe et la moustache. Chacun le frappe de quatre coups de poing puis ils le rossent[1] à coups de triques[2] et de bâtons. Ils lui passent au cou un carcan[3] et ils le lient à une chaîne comme un ours. Ils le hissent sur une bête de somme 60 pour le couvrir de honte et le gardent jusqu'au jour où ils le remettront à Charles.

137

Hautes, ténébreuses et imposantes sont les montagnes, profondes les vallées, impétueux les torrents. Les clairons sonnent à l'arrière comme à l'avant et tous font écho au cor de Roland. 65 L'empereur chevauche bouillant de colère, et les Français remplis de fureur et de chagrin. Tous pleurent et se désespèrent. Ils prient Dieu qu'il sauve Roland jusqu'à ce qu'ils arrivent tous ensemble au champ de bataille : avec lui ils frapperont et de tout leur cœur. Mais à quoi bon ! Car c'est bien inutile. Ils sont 70 partis trop tard et ne peuvent arriver là-bas à temps.

138

Charlemagne chevauche bouillant de colère et sa barbe blanche s'étale sur sa cuirasse. Tous les seigneurs de France épe-

---

1. Frappent.
2. Gros bâtons.
3. Collier de fer pour les criminels.

ronnent leurs chevaux avec vigueur et tous montrent leur colère de ne pas être aux côtés de Roland, le chef qui combat contre les Sarrasins d'Espagne. Mais celui-ci est si mal en point que je ne crois pas que son âme demeure dans son corps. Quels héros, mon Dieu, que ses soixante derniers compagnons ! Jamais roi ni chef n'en eut de meilleurs.

La Chanson de Roland, vers 1753-1806, fin XIIe siècle,
trad. Pierrc Jonin, © Éditions Gallimard, 1979.

BIEN LIRE

- **L. 22** : Remarquez le mépris de Ganelon pour Roland : Il suppose que ce grand guerrier chasse le lièvre...
- **L. 50-51** : Notez que le traître est livré aux petites gens en signe de mépris.

Texte 2 : Le duel judiciaire

Victorieux des Sarrasins, Charlemagne revient à Aix-la-Chapelle et veut venger Roland. Un duel judiciaire décidera du sort du traître. Qui Dieu soutiendra-t-il ? Pinabel, le vassal de Ganelon, ou Thierry, celui de l'empereur ?

281

Au pied d'Aix[1] s'étend une vaste prairie. Les préparatifs de la bataille des deux chevaliers sont achevés. Tous deux sont vaillants et intrépides, leurs chevaux rapides et fougueux. Ils les éperonnent vigoureusement et les lancent à bride abattue. De
5 toutes leurs forces, ils vont échanger de grands coups. Leurs deux boucliers sont brisés et mis en pièces. Leurs cuirasses se fendent et les sangles des selles sont tranchées, leurs trousse-quins[2] tournent et les selles tombent à terre. À ce spectacle, cent mille hommes se mettent à pleurer.

282

10 Voilà les deux chevaliers à terre. Mais très vite ils se remettent debout. Pinabel est vigoureux, vif et alerte. N'ayant plus de chevaux, ils s'affrontent corps à corps. Avec leurs épées à la

---

1. Aix-la-Chapelle (en Allemagne) où se trouve le palais de Charlemagne.
2. Parties de la selle.

garde d'or pur ils frappent à coups redoublés sur leurs casques
d'acier. Les coups sont si violents qu'ils fendent les casques. Les
15 chevaliers français sont plongés dans l'angoisse. «Ah! mon
Dieu, supplie Charlemagne, faites rayonner le droit!»

283

Pinabel s'adresse à Thierry : «Allons, Thierry, reconnais que
tu es vaincu. Je serai ton vassal en toute fidélité et amitié. De ce
que je possède, je te donnerai autant que tu en souhaiteras.
20 Mais fais réconcilier Ganelon et le roi!» Thierry lui réplique :
«Pas de discussion là-dessus. Quel traître fini je serais si je faisais la moindre concession! Que Dieu décide aujourd'hui qui
de nous deux représente le droit!»

284

Thierry continue : «Pinabel, tu es plein de vaillance, tu es
25 grand, vigoureux, tu as le corps bien fait et tes pairs reconnais-
sent ta bravoure. Mais renonce donc à cette bataille! Je te
réconcilierai avec Charlemagne. Quant à Ganelon, justice sera
si bien rendue que pas un jour ne passera sans qu'on l'évoque.»
Pinabel riposte : «Puisse Dieu notre Seigneur ne pas le per-
30 mettre! Je veux défendre toute ma parenté. Aucun homme au
monde ne m'obligera à m'avouer vaincu. Plutôt mourir que
d'avoir à subir ce reproche!» Alors leurs épées recommencent à

frapper sur leurs casques garnis de pierreries serties dans l'or. Vers le ciel volent les étincelles éblouissantes. Il est maintenant impossible de les séparer. Le combat ne se terminera pas sans mort d'homme.

285

Pinabel de Sorence est d'une très grande bravoure. Il frappe Thierry sur son casque de Provence. Des étincelles de feu en jaillissent qui enflamment l'herbe. Il pointe vers Thierry son épée d'acier. Elle l'atteint au front et descend jusqu'au milieu du visage. Sa joue droite se couvre de sang et sa cuirasse se fend jusqu'au niveau de la ceinture. Mais Dieu l'a sauvé, empêchant qu'il soit renversé et tué.

286

Thierry sent qu'il est blessé au visage. Son sang tout clair tombe sur l'herbe du pré. Il frappe Pinabel sur son casque d'acier brun qu'il entame et fend jusqu'au milieu du nez. Il fait couler sa cervelle hors de son crâne et il secoue si violemment son épée qu'il l'abat raide mort. Ce coup décide de la victoire. Les Français s'écrient : « C'est là un miracle de Dieu ! Il est bien juste que Ganelon soit pendu ainsi que ses parents qui ont été garants. »

287

Thierry sort vainqueur de son combat. L'empereur Charles s'avance vers lui avec quatre de ses chevaliers, le duc Naimes, Ogier de Danemark, Geoffroy d'Anjou et Guillaume de Blaye.
55 Il prend Thierry dans ses bras, lui essuie le visage avec ses grandes fourrures de martre[1]. Il les enlève et on lui en met d'autres. Avec une extrême douceur on désarme le chevalier et on l'aide à monter sur une mule d'Arabie. Il s'en retourne joyeux accompagné d'une belle escorte de chevaliers. Ils
60 reviennent à Aix et mettent pied à terre dans la ville. Maintenant on va exécuter les autres.

La Chanson de Roland, vers 3873-3946, fin XIIe siècle,
trad. Pierre Jonin, © Éditions Gallimard, 1979.

---

1. Mammifère carnivore dont on utilise la fourrure.

BIEN LIRE

• **Laisses 283-284 : Remarquez la symétrie.**
• **L. 55-58 : Quel contraste saisissant remarquez-vous avec ce qui précède ?**

CHRÉTIEN DE TROYES, *YVAIN OU LE CHEVALIER AU LION*

Texte 3 : L'anneau magique

Chrétien de Troyes, le plus grand écrivain du Moyen Âge, invente le roman arthurien avec Lancelot, Yvain, *et* Perceval. *Dans* Yvain, *le héros poursuivi trouve refuge dans le château de l'homme qu'il a tué. Menacé par ses poursuivants, il reçoit l'aide d'une servante : Lunete.*

« Une fois, à la cour du roi,
ma dame m'envoya comme messagère.
Je n'étais peut-être pas aussi avisée[1],
ni aussi courtoise[2], ni d'une condition[3]
5 telle qu'il convenait à une jeune fille,
mais il n'y eut aucun chevalier
qui daignât m'adresser un seul mot,
à part vous tout seul, qui êtes ici.
Vous, au contraire, m'avez fait honneur,
10 par votre grâce, et m'avez servie.
Pour l'honneur que vous m'avez témoigné alors,
je vous rendrai ici votre récompense.
Je sais bien quel est votre nom,

---

1. Pleine de bon sens.
2. Polie, raffinée.
3. Place sociale.

et je vous ai bien reconnu.
15 Vous êtes le fils du roi Urien
et vous vous appelez monseigneur Yvain.
Soyez maintenant sûr et certain
que jamais, si vous voulez avoir confiance en moi,
vous ne serez ni capturé ni blessé.
20 En revanche vous prendrez cet anneau qui m'appartient,
et, s'il vous plaît, vous me le rendrez
quand je vous aurai délivré. »
Alors elle lui a vite remis l'anneau
en lui disant qu'il a le même pouvoir
25 que le bois qui est sous l'écorce
qui le recouvre, de telle sorte qu'on ne le voit point.
Seulement il faut qu'on le prenne en sa main
de manière à enfermer la pierre dans son poing ;
alors on n'a plus rien à craindre,
30 même si on se trouve entre ses ennemis.
Jamais ils ne pourront faire du mal
à celui qui porte l'anneau à son doigt,
car nul homme, même les yeux grands ouverts,
ne pourra le voir,
35 pas plus que le bois qui est masqué
par l'écorce qui le recouvre.
Voilà qui plaît fort à monseigneur Yvain.
Et quand elle lui eut dit cela,
elle le mena s'asseoir sur un lit

40   couvert d'une couette si somptueuse
que même le duc d'Autriche n'en avait de comparable.
Alors elle lui dit que, s'il en avait envie,
elle lui apporterait de quoi manger.
Et il dit que cela lui faisait plaisir.
45   La demoiselle court rapidement
dans la chambre et revient très vite ;
elle portait avec elle un chapon[1] rôti,
et un gâteau et une nappe,
et du vin de bonnes grappes
50   (un pot rempli, couvert par un hanap[2] brillant),
et elle l'a invité à venir manger.
Et lui qui en avait bien besoin
mangea et but très volontiers.
À peine eut-il fini de manger et de boire,
55   que les chevaliers se mirent à parcourir
le château pour le chercher,
car ils voulaient venger leur seigneur,
qui était déjà déposé dans le cercueil.
« Mon ami, lui a-t-elle dit,
60   vous entendez que déjà ils vous cherchent tous.
Il y a grand tapage et beaucoup de bruit,
mais, qui que ce soit qui passe par-ci ou par là,
ne bougez point, malgré le vacarme :

---

1. Gros poulet à la chair parfumée.
2. Pot à boire, souvent en argent.

car on ne vous trouvera jamais dans cet endroit
65 si vous ne quittez pas ce lit.
Vous verrez à l'instant cette salle remplie
d'une foule très dangereuse et malveillante,
car ils seront persuadés de vous y retrouver ;
je crois aussi qu'ils vont apporter
70 le cadavre par ici pour l'enterrer.
Puis ils vont commencer à vous rechercher
sous les bancs et sous les lits.
Ce serait un sujet de joie et de divertissement
pour un homme qui n'aurait pas peur,
75 que de voir une foule aussi aveugle ;
car je vous assure qu'ils seront tous si aveuglés,
si déconfits[1] et si frustrés,
qu'ils seront ivres de colère.
Mais je ne saurais vous en dire davantage,
80 car je préfère ne pas m'attarder plus longtemps ;
qu'il me soit permis cependant de rendre grâce à Dieu,
qui m'a donné l'occasion et la possibilité
de faire quelque chose qui vous plaise,
car j'en avais grande envie. »
85 Elle est aussitôt partie de son côté ;
et quand elle s'en est allée,
tous les gens se sont réunis.
Ils vinrent aux portes des deux côtés

---

1. Profondément déçus.

en tenant des bâtons et des épées :
90   c'était donc une grosse foule, une grande affluence
de gens furieux et acharnés,
et ils virent devant la porte
une moitié du cheval, qui avait été tranché en deux[1].
Alors ils croyaient être tout à fait certains
95   que, une fois les portes ouvertes,
ils trouveraient à l'intérieur celui
qu'ils cherchaient à mettre à mort.
Puis ils hissèrent ces portes
qui ont occasionné la mort de maintes personnes.
100 Mais, au lieu de tendre à l'intention de celui qu'ils
                                                    [assiégeaient
un trébuchet[2] ou un piège,
ils y entrent tous de front,
et ils ont alors retrouvé l'autre moitié
du cheval mort près du seuil.
105 Mais ils n'eurent point d'yeux assez bons
pour voir monseigneur Yvain,
qu'ils auraient tué très volontiers.
Et ce dernier voyait qu'ils enrageaient,
qu'ils étaient hors d'eux, dans leur colère :
110 « Comment est-ce possible ? disaient-ils,
car il n'y a ici ni porte ni fenêtre

---

1. Par la chute d'une porte en fer au début de l'épisode.
2. Piège pour les oiseaux.

par où qui que ce soit ait pu sortir,
si ce n'est un oiseau en s'envolant,
un écureuil ou un cisémus[1],
115   ou une bête de la même taille (ou plus petite),
car les fenêtres sont garnies de ferrures,
et les portes ont été refermées
dès que mon seigneur fut sorti.
Le corps, mort ou vivant, est ici dans cette salle,
120   car il n'est point resté là-dehors :
plus de la moitié de la selle
est ici à l'intérieur, nous le voyons bien,
mais nous ne voyons rien de lui
sauf les éperons tranchés
125   qui tombèrent de ses pieds.
Allons chercher dans tous les recoins
et trêve de bavardages[2].
Il est encore ici dedans, c'est sûr,
sinon, nous avons tous été leurrés[3] ou
130   les diables nous l'ont enlevé. »
Ainsi, dans leur excitation,
ils le cherchaient à travers la salle,
et ils frappaient sur les murs,
et sur les lits et sur les bancs.
135   Mais le lit où il était couché

---

1. Rongeur dont on utilise la fourrure.
2. Assez de bavardages
3. Trompés.

restait hors d'atteinte et à l'abri des coups,
car il ne fut ni frappé ni touché.

> Chrétien de Troyes, *Yvain ou le Chevalier au lion*, vers 1005-1137,
> fin XIIᵉ siècle, trad David F. Hult, coll. « Classiques modernes »,
> © LGF, Le Livre de Poche.

BIEN LIRE

- **L. 38-53 :** L'accueil royal du héros est-il en rapport avec sa situation précaire ?
- **L. 64-78 :** Remarquez l'anticipation.
- Comparez avec le texte de Tolkien p. 158-161.

Texte 4 : La folie d'Yvain

Grâce à la rusée Lunete, Yvain épouse Laudine, la femme de celui qu'il a tué. Elle lui permet de partir un an pour vivre des aventures chevaleresques mais il ne respecte pas le délai et, à son retour, elle le repousse. Il devient alors fou de douleur et retourne à l'état sauvage.

Il quitte la compagnie des barons,
car il craint de perdre la raison parmi eux.
Personne ne s'en est aperçu,
et donc ils le laissèrent s'en aller seul :
5 ils savent bien qu'il ne s'intéresse
ni à leur conversation ni à leur société.
Il marcha tant qu'il se trouva très loin
des tentes et des pavillons.
Alors il lui monte un tourbillon
10 dans la tête, si puissant qu'il perd la raison ;
puis il déchire ses vêtements et s'en dépouille
et s'enfuit par les champs et les vallées,
laissant ses gens en plein désarroi,
qui se demandent avec étonnement où il peut bien être.
15 Ils vont le chercher partout dans les parages,
dans les logis des chevaliers,
dans les haies et dans les vergers –
bref, ils le cherchent là où il n'est pas.

Et lui s'éloigne rapidement,

20 tant et si bien qu'il trouva à côté d'un parc
un valet qui portait un arc
et cinq flèches barbelées
très aiguës et très larges.

Il eut suffisamment de raison

25 pour ravir au valet son petit arc
et les flèches qu'il tenait dans sa main.

Cependant il ne se souvenait plus
de quoi que ce fût qu'il ait pu faire auparavant.

Il guette les bêtes dans les bois,

30 il les tue, et puis il mange
la venaison[1] toute crue.

Il demeura si longtemps dans la forêt,
comme un homme privé de raison et sauvage,
qu'il finit par trouver la maison

35 d'un ermite[2], qui était très basse et très petite.

L'ermite défrichait[3].

En voyant s'approcher cet être tout nu,
il put bien se rendre compte, sans le moindre doute,
qu'il était loin d'avoir toute sa raison.

40 Et en effet c'est ce qui arriva : il le comprit très bien !

Sous le coup de la peur qu'il en éprouva
il se précipita dans sa maisonnette.

---

1. Chair de grand gibier.
2. Religieux retiré dans un lieu solitaire.
3. Abattait la forêt pour rendre la terre cultivable.

Par charité, cet homme de bien
prit de son pain et de son eau pure,
45   et posa le tout à l'extérieur de sa maison,
sur une fenêtre étroite.
Et l'autre, qui désire le pain avec avidité,
s'approche de là, prend le pain et mord dedans.
Je ne crois pas qu'il en ait jamais goûté
50   de si grossier ni de si dur :
la farine dont on avait fait le pain
n'avait sûrement pas coûté vingt sous le setier[1],
car il était plus amer que du levain ;
c'était de l'orge[2] pétri avec de la paille.
55   Qui plus est, il était incontestablement
moisi, et sec comme une écorce.
Mais la faim le tourmente et le presse ;
autant elle avait de puissance, autant le pain avait
                                 [bon goût pour lui,
car à tout repas la faim est une sauce
60   bien liée et bien préparée.
Monseigneur Yvain mangea tout le pain
de l'ermite, qui lui sembla délicieux,
et il but de l'eau froide au pot.
Après avoir mangé, il se lance encore une fois
65   dans le bois, et il part en quête de cerfs et de biches.

---

1. Unité de mesure des grains.
2. Céréale de qualité inférieure à celle du blé (ou froment).

Et l'homme de bien le craignait beaucoup ;
lorsqu'il le voit partir, il prie Dieu
de le protéger et de le prendre en Sa garde,
de manière à ce qu'il ne vienne plus de son côté.

70 Mais il n'y a aucune créature qui, si peu de sens qu'elle ait,
ne revienne volontiers
à l'endroit où on lui a fait du bien.
Par la suite, il ne se passa pas un jour entier,
aussi longtemps qu'il fut dans cette démence,

75 qu'il ne lui apportât quelque bête sauvage
jusque devant sa porte.
Voilà la vie qu'il mena alors.
Et l'homme de bien s'occupait
d'écorcher la bête et, ensuite, de mettre

80 une bonne partie de la venaison à cuire.
Le pain et l'eau dans la cruche
étaient toujours sur la fenêtre
pour rassasier le dément ;
ainsi il avait de quoi manger et de quoi boire,

85 de la venaison sans sel et sans poivre,
et de l'eau froide de la fontaine.
Et l'homme de bien fit des efforts
pour vendre des peaux et pour acheter du pain
d'orge, pétri avec la paille ou fait de pur grain.

90 Il eut donc par la suite sa pleine ration,
du pain en quantité et de la venaison,

si bien qu'il se maintint dans cette situation
jusqu'au jour où deux demoiselles le trouvèrent
endormi dans la forêt.

Chrétien de Troyes, *Yvain ou le Chevalier au lion*, vers 2796-2891,
fin XIIᵉ siècle, trad. David F. Hult, coll « Classiques modernes »,
© LGF, Le Livre de Poche.

BIEN LIRE

• L. 41-46 : Est-ce la peur ou la bonté qui est la plus forte chez l'ermite ?

• L. 49-63 : Remarquez la différence avec le repas du texte précédent.

• Notez que, dans la littérature médiévale, l'ermite est une figure positive alors que le clergé régulier (les moines) sont souvent critiqués (voir textes 12 à 14).

Texte 5 : Le lion et le serpent

Nourri par l'ermite puis guéri par un onguent magique, Yvain recouvre la raison et reconquiert son humanité perdue. Il fait la rencontre décisive de l'animal qui va devenir son symbole et donner son titre au roman.

Monseigneur Yvain chemine, pensif,
jusqu'au moment où il entra dans une forêt,
et alors il entendit, au milieu de la feuillée[1],
un cri de douleur perçant ;
5   il se dirigea aussitôt vers le cri
qu'il avait entendu.
Quand il fut parvenu à cet endroit,
il vit un lion dans un lieu défriché
et un serpent qui le tenait
10   par la queue, et qui lui brûlait
entièrement les reins d'une flamme ardente.
Monseigneur Yvain ne passa pas beaucoup de temps
à regarder cette scène extraordinaire :
il se demande dans son for intérieur[2]
15   auquel de ces deux il accordera son soutien.
Il se dit alors qu'il portera secours au lion,
car on ne doit faire que du mal

1. Abri que forme le feuillage des arbres.
2. En lui-même.

à un être malfaisant et cruel.
Or le serpent est malfaisant,
20 et le feu lui sort de la gueule,
tant il est plein de férocité.
Monseigneur Yvain se décide donc
à le tuer en premier.
Il tire son épée, s'avance,
25 et met l'écu[1] devant son visage,
pour éviter le mal que pouvait lui faire
la flamme qu'il crachait par la gueule,
qui était plus large qu'une marmite.
Si le lion l'attaque ensuite,
30 il se battra contre lui.
Mais, quoi qu'il lui arrive par la suite,
il lui viendra en aide maintenant,
car la pitié l'incite et l'exhorte[2]
à porter secours et aide
35 à cette bête généreuse et noble.
Avec son épée polie et brillante
il va donc attaquer le serpent maléfique[3].
Il le tranche jusqu'à terre
et continue à tronçonner les deux moitiés ;
40 il frappe et frappe encore et s'y applique tant
qu'il le hache et le met en pièces.

---

1. Bouclier.
2. Incite avec force.
3. Qui fait le mal.

Mais il lui fallut trancher
un morceau de la queue du lion,
car la tête du cruel serpent
45   la lui avait avalée.
Il en trancha autant qu'il fallait en trancher,
car il ne fut guère possible d'en prendre moins.
Quand il eut délivré le lion,
il pensa qu'il lui faudrait
50   se battre avec lui et que ce dernier allait l'attaquer.
Mais la bête n'eut point du tout cette intention.
Écoutez donc ce que fit le lion :
il se comporta comme une créature noble et de bonne race,
car il commença à donner l'impression
55   qu'il allait se rendre au chevalier :
il tendait vers lui ses pattes jointes,
puis il va se planter solidement sur le sol
et il se tient debout sur les deux pattes de derrière,
et puis il s'agenouillait une nouvelle fois
60   et toute sa face se mouillait
de larmes, en signe d'humilité.
Monseigneur Yvain sait avec certitude
que le lion le remercie,
et qu'il s'humilie devant lui
65   parce qu'il avait tué le serpent
et qu'il l'avait délivré de la mort ;
cette aventure lui plaît donc beaucoup.

Il essuie sur son épée le venin
et l'ordure du serpent,
70 et puis, l'ayant remise dans son fourreau,
il reprend son chemin.
Et le lion prend place à côté de lui,
et jamais plus il ne le quittera.
Il sera toujours avec lui,
75 car il veut le servir et le protéger.

Chrétien de Troyes, *Yvain ou le Chevalier au lion*, vers 3341-3413,
fin XIIe siècle, trad. David F. Hult, coll « Classiques modernes »,
© LGF, Le Livre de Poche.

BIEN LIRE

• **L. 52** : Notez cette interpellation de l'auditeur qui montre la place de l'oralité au Moyen Âge.

• **L. 35 et l. 53-58** : Remarquez que le lion est le contraire du serpent : il est noble et se dresse fièrement.

• La couverture du recueil vous semble-t-elle une illustration fidèle du lien qui unit désormais Yvain et le lion ?

CHRÉTIEN DE TROYES,
PERCEVAL OU LE CONTE DU GRAAL

Texte 6 : La demoiselle à la tente

Perceval, jeune homme élevé loin de la société et de ses usages, cherche à devenir chevalier. Il part muni des seuls conseils de sa mère mais il les applique mal : son interprétation de l'attitude à adopter envers les femmes est très personnelle…

Quand le jeune homme pénétra dans la tente,
son cheval broncha si fort
que la demoiselle l'entendit.
Elle se réveilla en sursaut.
5   Le jeune homme, en ignorant qu'il était,
lui dit : « Ma demoiselle, je vous salue,
comme ma mère me l'a appris.
Car ma mère m'a dit et enseigné
de saluer les jeunes filles
10 partout où je pourrais les rencontrer. »
La jeune femme tremble de peur
à la vue du jeune homme, elle le prend pour un fou,
elle se tient elle-même pour une folle finie
d'être restée toute seule, là où il l'a trouvée.
15 « Jeune homme, dit-elle, passe ton chemin.
Va-t'en, que mon ami ne te voie !
– Pas avant de vous avoir pris un baiser, je le jure,

répond-il. Et tant pis pour qui s'en plaint !
Cet enseignement vient de ma mère.
20 – Un baiser ! Non vraiment ! tu ne l'auras pas de moi,
dit la jeune femme, si du moins je le puis.
Va-t'en, que mon ami ne te trouve !
S'il te trouve ici, tu es un homme mort ! »
Le jeune homme avait les bras solides,
25 il l'a prise dans ses bras non sans gaucherie,
car il ne savait pas s'y prendre autrement.
Il l'a renversée sous lui,
elle s'est bien défendue,
elle s'est dégagée tant qu'elle a pu,
30 mais c'était peine perdue !
Le jeune homme lui prit d'affilée,
bon gré mal gré,
vingt fois des baisers, suivant l'histoire,
tant et si bien qu'il aperçut à son doigt un anneau,
35 où brillait une claire émeraude.
« Ma mère, fait-il, m'a dit aussi
de vous prendre l'anneau que vous avez au doigt,
à condition de ne rien vous faire de plus.
Allez ! L'anneau ! Je veux l'avoir !
40 – Non ! C'est mon anneau ! Tu ne l'auras pas,
dit la jeune femme, sache-le bien,
à moins de me l'arracher de force ! »
Le jeune homme lui saisit le poignet,
lui déplie le doigt de force,

45 lui arrache du doigt l'anneau
    qu'il passe à son propre doigt,
    en disant : « Ma demoiselle, soyez-en récompensée !
    Maintenant je vais partir, je m'en tiens pour bien payé.
    Des baisers de vous sont bien meilleurs
50 que ceux de n'importe quelle femme de chambre
    de chez ma mère.
    Vous n'avez pas la bouche amère. »
    Elle est en pleurs, elle dit au jeune homme :
    « N'emportez pas mon petit anneau !
55 Cela me mettrait dans une mauvaise passe
    et toi tu en perdrais la vie,
    tôt ou tard, je te le garantis. »
    Mais rien de ce qu'il entend
    ne vient toucher le cœur du jeune homme.
60 D'être à jeun, en revanche,
    le mettait au supplice. Il mourait de faim.
    Il trouve un barillet[1] plein de vin,
    avec, à côté, une coupe en argent,
    et voit sur une botte de joncs[2]
65 une serviette blanche, bien propre.
    Il la soulève et découvre
    trois bons pâtés de chevreuil tout frais.
    Voilà un mets[3] qui fut loin de le chagriner !

---

1. Petit tonneau.
2. Sorte de roseaux.
3. Repas.

Vivement tenaillé par la faim,
70   il brise le premier qui se présente,
mange sans retenue
et se verse à boire dans la coupe d'argent
d'un vin qui faisait plaisir à voir.
Il la vide d'un coup à plusieurs reprises,
75   puis dit : « Ma demoiselle, je ne serai pas seul
aujourd'hui à faire table rase de ces pâtés.
Venez manger, ils sont vraiment bons.
Chacun trouvera largement son compte avec le sien,
il en restera même un entier. »
80   Elle, pendant ce temps, pleure,
en dépit de ses prières et de ses invites[1].
Elle ne répond pas un mot,
la demoiselle, mais elle pleure très fort
et de désespoir se tord les poignets.
85   Quant à lui, il mangea tout à sa guise
il but jusqu'à plus soif,
puis, brusquement, il prit congé,
après avoir recouvert les restes,
et il recommanda à Dieu celle
90   qui ne goûta guère son salut.
« Dieu vous garde, ma belle amie ! dit-il,
mais, par Dieu, ne soyez pas fâchée
pour votre anneau, si je l'emporte.

---

1. Invitations.

Avant de mourir de ma belle mort,
95 je saurai bien vous en récompenser.
Avec votre permission, je m'en vais. »
Elle pleure toujours, mais elle peut l'assurer
que jamais elle ne le recommandera à Dieu,
car elle devra, à cause de lui,
100 subir plus d'affronts[1] et de peines
que n'en eut jamais une malheureuse femme,
et jamais, jour de sa vie,
elle n'en aura secours ni aide.
Qu'il sache bien qu'il l'a trahie !
105 Et elle resta là tout en pleurs.
Puis il ne tarda guère
que son ami revînt du bois.

> Chrétien de Troyes, *Perceval ou le Conte du Graal*, vers 641-743,
> fin XIIᵉ siècle, trad. Ch. Méla, coll. « Classiques modernes »,
> © LGF, Le Livre de Poche.

---

1. Injures, insultes.

BIEN LIRE

• **L. 31-35 :** Relevez le thème de l'anneau et des seigneurs : Yvain recevait l'anneau de Laudine (texte 3), Perceval arrache celui de la demoiselle, le roi Marc échange celui d'Yseut (texte 9).

• **P. 36-37 :** Notez que Perceval est l'homme des instincts non maîtrisés. Après une agression presque sexuelle, il se jette sur la nourriture : la chair et la chère.

Texte 7 : Les gouttes de sang sur la neige

Perceval sauve la cité de Beaurepaire assiégée. Il s'éprend de Blanchefleur, la maîtresse du lieu. Il la quitte pour retrouver sa mère mais promet de revenir. Il multiplie les aventures et, juste avant de rejoindre la cour, il fait une expérience capitale.

Au matin la neige était bien tombée,
car la contrée était très froide.
Perceval, au petit jour,
s'était levé comme à son habitude,
5 car il était en quête et en attente
d'aventures et d'exploits chevaleresques.
Il vint droit à la prairie
gelée et enneigée
où campait l'armée du roi.
10 Mais avant qu'il n'arrive aux tentes,
voici venir un vol groupé d'oies sauvages
que la neige avait éblouies.
Il les a vues et entendues,
car elles fuyaient à grand bruit
15 devant un faucon qui fondait
sur elles d'un seul trait.
Il atteignit à toute vitesse
l'une d'elles, qui s'était détachée des autres.
Il l'a heurtée et frappée si fort

20   qu'il l'a abattue au sol.

Mais il était trop matin, et il repartit
sans plus daigner se joindre ni s'attacher à elle.
Perceval cependant pique des deux[1],
dans la direction où il avait vu le vol.

25   L'oie était blessée au col.
Elle saigna trois gouttes de sang,
qui se répandirent sur le blanc.
On eût dit une couleur naturelle.
L'oie n'avait pas tant de douleur ni de mal

30   qu'il lui fallût rester à terre.
Le temps qu'il y soit parvenu,
elle s'était déjà envolée.
Quand Perceval vit la neige qui était foulée,
là où s'était couchée l'oie,

35   et le sang qui apparaissait autour,
il s'appuya dessus sa lance
pour regarder cette semblance[2].
Car le sang et la neige ensemble
sont à la ressemblance de la couleur fraîche

40   qui est au visage de son amie.
Tout à cette pensée, il s'en oublie lui-même.
Pareille était sur son visage
cette touche de vermeil[3], disposée sur le blanc,

---

1. Lance son cheval au galop.
2. Ressemblance.
3. Rouge vif.

à ce qu'étaient ces trois gouttes de sang,
45   apparues sur la neige blanche.
Il n'était plus que regard.
Il lui apparaissait, tant il y prenait plaisir,
que ce qu'il voyait, c'était la couleur toute nouvelle
du visage de son amie, si belle.
50   Sur les gouttes rêve Perceval,
tandis que passe l'aube.
À ce moment sortirent des tentes
des écuyers, qui l'ont vu tout à son rêve.
Ils crurent qu'il sommeillait.
55   Avant que le roi s'éveillât,
lequel dormait encore sous sa tente,
les écuyers ont rencontré
devant le pavillon royal
Sagremor le Démesuré,
60   ainsi nommé pour ses débordements.
« Holà ! fait-il, dites-moi sans détours
ce que vous venez faire ici de si bonne heure !
– Monseigneur, répondent-ils, au-dehors de ce camp
nous avons vu un chevalier
65   qui sommeille sur son coursier[1].
– Est-il armé ? – Parole que oui !
– Je m'en vais lui parler, leur dit-il,
et je l'amènerai à la cour. »

---

1. Grand cheval de bataille.

Sagremor court sur-le-champ
70 à la tente du roi et le réveille.
« Monseigneur, fait-il, là dehors, sur la lande,
il y a un chevalier qui sommeille. »
Le roi lui commande d'y aller,
en ajoutant qu'il le prie
75 de l'amener sans faute.
Aussitôt Sagremor donne l'ordre
qu'on lui sorte son cheval
et il a demandé ses armes.
Sitôt commandé, sitôt fait !
80 Et il se fait armer vite et bien.
Tout en armes il sort du camp
et s'en va rejoindre le chevalier.
« Monseigneur, fait-il, il vous faut
venir devant le roi. » L'autre ne dit mot,
85 il a tout l'air de ne pas entendre.
Il recommence donc à lui parler,
mais il se tait toujours. Le voilà qui s'emporte :
« Par l'apôtre saint Pierre, s'écrie-t-il,
vous y viendrez quand même, malgré vous !
90 Si je vous en ai d'abord prié,
j'en suis bien fâché, car je n'ai fait
qu'y perdre mon temps et mes paroles ! »
Il déploie alors l'enseigne[1]

---

1. Bannière, drapeau.

qui était enroulée autour de sa lance,
95   tandis que sous lui bondit son cheval.
Le voici qui prend du champ
et il crie à l'autre qu'il se garde,
car il va lui porter un coup, s'il ne s'en garde.
Et Perceval regarde vers lui,
100   il le voit venir à bride abattue.
Il a laissé tout son penser[1]
et il se lance à son tour à sa rencontre.
Au moment où ils se rejoignent l'un l'autre,
Sagremor brise sa lance en éclats,
105   celle de Perceval ne plie ni ne rompt,
mais heurte l'autre avec une telle force
qu'il se retrouve abattu au milieu du champ.
Et le cheval, sans attendre,
part en fuite, à travers champs,
110   [...]
Monseigneur Gauvain[2] a dit au roi :
« Sire, Dieu ait mon âme,
ce n'est pas raison, vous le savez bien,
vous l'avez vous-même toujours dit
115   et vous nous en avez fait une loi,
pour un chevalier, de se permettre
d'en arracher un autre à sa pensée,

---

1. Toute sa rêverie.
2. Neveu d'Arthur et célèbre chevalier.

quelle qu'elle soit, comme l'ont fait ces deux-là.
Était-ce entièrement leur tort ?
120 Je ne sais, mais il est bien certain
qu'il leur en est arrivé malheur.
Le chevalier avait en pensée
quelque perte qu'il avait faite,
ou bien son amie lui est enlevée,
125 il en est au tourment, et il y pensait.
Mais si tel était votre bon plaisir,
j'irais voir sa contenance
et si je le trouvais à un moment
où il eût quitté ses pensées,
130 je lui ferais la demande et la prière
de venir à vous jusqu'ici. »
[…]
Il se fait armer à l'instant même,
cet homme qui de toutes les vertus
135 avait le prix, et il est monté
sur un cheval robuste et alerte.
Il vient tout droit au chevalier
qui était appuyé sur sa lance
et qui n'était toujours pas lassé
140 des pensées où il se complaisait.
Le soleil avait cependant
effacé deux des gouttes de sang
qui s'étaient posées sur la neige,

et déjà s'effaçait la troisième.
145 Ainsi le chevalier n'était-il plus
aussi intensément à ses pensées.
Monseigneur Gauvain s'approche
de lui, en allant l'amble[1] avec douceur,
sans rien d'hostile dans son apparence,
150 et il lui dit : « Monseigneur, je vous eusse
salué, si je connaissais
le fond de votre cœur autant que le mien,
mais je puis au moins bien vous dire
que je viens en messager du roi,
155 qui vous demande, par ma prière,
de venir parler à lui.
– Ils ont déjà été deux,
fait Perceval, à m'arracher
ce qui faisait ma vie et à vouloir m'emmener
160 comme si j'étais leur prisonnier.
Mais j'étais là pensif,
tout à une pensée qui faisait mon plaisir,
et l'homme qui m'en arrachait
n'avait aucun profit à en attendre !
165 Car devant moi en ce lieu même
se trouvaient trois fraîches gouttes de sang,
qui illuminaient le blanc.

---

1. Avançant lentement à cheval.

Tandis que je regardais, c'était à mes yeux
la fraîche couleur du visage
170 de ma si belle amie, que je voyais,
et jamais je n'aurais voulu m'en arracher.
– En vérité, fait monseigneur Gauvain,
être dans ces pensées n'était pas l'affaire d'un rustre[1],
mais c'était chose pleine de courtoisie et de douceur.
175 Il fallait être un fou et un brutal
pour vous en éloigner le cœur.
[…]
Au nom du Ciel, quel est votre nom ?
– Perceval, monseigneur, et le vôtre, quel est-il ?
180 – Monseigneur, sachez en vérité
que j'ai reçu en baptême le nom
de Gauvain. – Gauvain ? – C'est cela, mon doux seigneur. »
Perceval en fut rempli de joie.
Il lui a dit : « Monseigneur, j'ai bien entendu
185 parler de vous en maints endroits.
Pouvoir me lier à vous
serait mon plus grand désir,
si cela vous plaît et vous convient.
– Sur ma parole, fait monseigneur Gauvain,
190 cela ne me plaît pas moins
qu'à vous, et même plus, je crois. »
Et Perceval lui répond : « Vous avez ma parole,

---

1. **Homme grossier et brutal.**

j'irai donc, à juste titre,
bien volontiers, là où vous le voudrez,
195 et j'en serai d'autant plus fier
que me voici lié d'amitié avec vous. »
Ils se jettent alors dans les bras l'un de l'autre.

> Chrétien de Troyes, *Perceval ou le Conte du Graal*, vers 4151-4339,
> fin XIIe siècle, trad. Ch. Méla, coll. « Classiques modernes »,
> © LGF, Le Livre de Poche.

BIEN LIRE

• **L. 5-6 : Est-ce étonnant pour un chevalier ?**
• **L. 52 : Relevez le changement de point de vue : la scène est perçue depuis le camp d'Arthur.**
• **L. 120-125 : Pourquoi peut-on dire que Gauvain et Perceval sont déjà en communion d'esprit avant de se rencontrer ?**
• **Comparez cet épisode avec le texte de Giono p. 163-164.**

BÉROUL, *TRISTAN ET YSEUT*

Texte 8 : L'évasion de Tristan

Le mythe de l'amour fatal et mortel s'incarne au Moyen Âge dans les figures de Tristan et Yseut. Il est le neveu du roi Marc, elle en est l'épouse. Un philtre magique bu par erreur les a unis à jamais. Mais les amants surpris sont condamnés à mourir sur le bûcher.

Écoutez, seigneurs, combien la pitié de Dieu est grande ! Il ne désire pas la mort du pécheur. Il a entendu les cris et les pleurs des pauvres gens pour les amants dans la détresse.

Sur le chemin que suivent Tristan et son escorte, se trouve
5 une chapelle nichée[1] sur une hauteur, au bord d'un rocher. Exposée au vent du nord, elle surplombe la mer. La partie que l'on appelle le chœur était bâtie sur une élévation. Au-delà il n'y avait que la falaise. Le mont n'était qu'un amas de pierres dénué de végétation. Si un écureuil sautait de là, il se tuerait ; il n'en
10 réchapperait pas. Dans l'abside[2] se trouvait un vitrail aux teintes pourpres[3] qui était l'œuvre d'un saint.

Tristan interpelle ses gardes :

« Seigneurs, voici une chapelle. Pour Dieu, laissez-moi donc y entrer ! Je touche au terme de ma vie. Je prierai Dieu d'avoir
15 pitié de moi, car je l'ai beaucoup offensé. Seigneurs, il n'y a

---

1. Cachée.
2. Partie arrondie de certaines églises qui se trouve derrière le chœur.
3. D'un rouge vif.

qu'une entrée. Je vois chacun de vous tenir une épée. Vous savez bien que je ne peux trouver d'autre sortie. Il me faudra passer à nouveau devant vous. Quand j'aurai prié Dieu, je reviendrai vers vous. »

20   Alors, l'un d'eux dit à son compagnon : « Nous pouvons bien le laisser aller. »

Ils lui enlèvent ses liens et Tristan entre dans la chapelle. Il ne perd pas de temps. Il se dirige derrière l'autel vers la verrière[1], la tire à lui de la main droite et s'élance par l'ouverture. Il pré-

25 fère sauter dans le vide plutôt que d'être brûlé en public[2]. Seigneurs, il y avait une grande et large pierre à mi-hauteur du rocher. Tristan y saute avec légèreté. En s'engouffrant dans ses vêtements, le vent lui évite de tomber comme une masse. Les Cornouaillais appellent encore cette pierre le *Saut de Tristan*.

30   La chapelle était remplie de monde. Tristan saute ; le sable était meuble[3]. Tout le monde est agenouillé dans l'église. Les gardes l'attendent à l'extérieur mais en vain. Tristan s'enfuit. Dieu a eu pitié de lui ! Il se sauve à grandes enjambées le long du rivage. Il entend nettement crépiter le feu du bûcher. Il n'a

35 nulle envie de retourner sur ses pas. Il ne peut pas courir plus vite qu'il ne le fait.

Mais écoutez ce que fit Gouvernal[4] ! L'épée au côté, il quitte la cité à cheval. Il sait bien que s'il est rattrapé, le roi le brûlera

---

1. Grande ouverture ornée de vitraux.
2. Historiquement faux ; l'adultère ne conduisait pas au bûcher.
3. Mou.
4. Écuyer de Tristan.

à la place de son seigneur. Il fuit, en proie à la peur. Le bon
40 maître[1] rend un fier service à Tristan en n'abandonnant pas son
épée, en allant la chercher là où elle se trouve et en l'emportant
avec la sienne.

Tristan aperçoit son maître ; il l'appelle parce qu'il l'a bien
reconnu. Gouvernal le rejoint, tout joyeux. À sa vue, Tristan
45 laisse éclater sa joie :

« Maître, Dieu vient de m'accorder sa grâce. Je me suis
échappé et me voici. Hélas ! malheureux que je suis, que m'importe mon sort ! Si je n'ai pas Yseut, pauvre de moi ! À quoi bon
le saut que je viens de faire ? Pourquoi ne me suis-je pas tué ?
50 Ce saut aurait pu m'être fatal ! Je me suis échappé mais vous,
Yseut, on vous brûle vive ! Vraiment, je me suis évadé pour rien.
On la brûle pour moi, pour elle je mourrai. »

Béroul, *Tristan et Yseut*, vers 909-998, fin XIIe siècle,
trad. Ph. Walter, coll. « Classiques de poche »,
© LGF, Le Livre de Poche.

---

1. Gouvernal a d'abord été l'instructeur de Tristan.

BIEN LIRE

• L. 1-3 et l. 37 : L'appel au public est-il habituel au Moyen Âge ? (N'oubliez pas que la lecture silencieuse n'existe pas et que les œuvres ont une diffusion surtout orale.)

• L. 34 : Notez que le détail réaliste insiste sur le danger encouru et fait frémir le destinataire du texte.

Texte 9 : Le repos des amants

Yseut est finalement livrée à des lépreux pour qu'ils abusent d'elle. Mais Tristan la délivre et les deux amants se réfugient dans la forêt du Morois où ils vivent misérablement. Ils se trompent en pensant être en sécurité dans ce lieu.

La loge[1] était faite de rameaux verts où de part en part des feuilles avaient été rajoutées ; le sol en était également jonché. Yseut se couche la première. Tristan fait de même ; il tire son épée et la place entre leurs deux corps. Yseut portait sa chemise
5 (si elle avait été nue ce jour-là, une horrible aventure leur serait arrivée). Tristan, lui, portait ses braies[2]. La reine gardait à son doigt la bague en or sertie d'émeraudes que le roi lui avait remise lors de leur mariage. Le doigt, d'une étonnante maigreur, retenait à peine la bague[3].
10 Écoutez comment ils se sont couchés ! Elle glissa un bras sous la nuque de Tristan et l'autre, je pense, elle le posa sur lui. Elle le tenait serré contre elle et lui aussi l'entourait de ses bras. Leur affection ne se dissimulait pas. Leurs bouches se touchaient presque, mais il y avait toutefois un espace entre elles, de sorte
15 qu'elles ne se rejoignaient pas. Pas un souffle de vent, pas un frémissement de feuille. Un rayon de soleil tombait sur le visage d'Yseut, plus éclatant que la glace. C'est ainsi que s'endorment

---

1. La cabane.
2. Pantalon.
3. Détail qui montre que les amants meurent de faim.

les amants ; ils ne pensent pas à mal. Ils sont tous les deux seuls
à cet endroit car Gouvernal, il me semble, était parti à cheval
20 chez le forestier, à l'autre bout de la forêt.

Écoutez, seigneurs, ce qui arriva ! Cela faillit être pénible et
cruel pour eux. Dans la forêt, il y avait un forestier qui avait
repéré l'abri de feuillage où ils se reposaient. Il avait suivi le sentier jusqu'à la ramée[1] où Tristan avait établi son gîte. Il vit les
25 dormeurs et les reconnut parfaitement. Son sang se glace, il est
saisi. Effrayé, il s'éloigne rapidement. Il sait bien que si Tristan
s'éveille, il ne pourra lui laisser d'autre gage que sa propre tête.
S'il s'enfuit, rien d'étonnant. Il quitte le bois, rien d'étonnant
non plus. Tristan dort avec son amie ; ils ont échappé de peu à
30 la mort. De l'endroit où ils reposaient, il y a deux bonnes lieues
jusqu'à la ville où le roi tient sa cour. Le forestier court à toute
allure, car il avait parfaitement entendu le ban[2] proclamé
contre Tristan : celui qui apportera des informations au roi sera
bien récompensé. Le forestier le savait bien et c'est pourquoi il
35 courait avec une telle hâte.

Dans son palais, le roi Marc tenait sa cour de justice[3] avec
ses barons ; ceux-ci emplissaient la salle. Le forestier dévale la
colline et entre précipitamment au château. Croyez-vous qu'il
s'est arrêté avant d'atteindre les marches de la salle ? Il les gra-
40 vit. Le roi voit son forestier arriver en grande hâte. Il l'interpelle aussitôt :

---

1. Feuillage.
2. Déclaration publique.
3. Le souverain assure aussi le pouvoir judiciaire (*cf.* Saint Louis sous son chêne).

« As-tu des nouvelles, toi qui arrives et qui as l'air si pressé ?
Tu m'as l'air de quelqu'un qui vient de courir avec des chiens à
la poursuite d'une bête. Viens-tu à la cour pour te plaindre de
45 quelqu'un ? Tu parais avoir besoin d'aide et venir de loin. Si tu
désires quelque chose, délivre ton message. Quelqu'un a-t-il
refusé de te payer ou as-tu été chassé de ma forêt ?

— Sire, écoutez-moi, s'il vous plaît. Accordez-moi votre attention un instant ! On a proclamé dans ce pays que quiconque
50 pourrait trouver votre neveu devrait se laisser crever plutôt que
de ne pas le capturer ou de ne pas vous en avertir. Je l'ai trouvé
mais je redoute votre colère. Si je te le dis, tu me tueras. Je vous
emmènerai là où il dort avec la reine qui l'accompagne. Je les ai
vus ensemble, il y a peu de temps. Ils étaient plongés dans un
55 profond sommeil. J'eus grand-peur quand je les vis à cet
endroit. »

Le roi l'écoute, souffle et soupire. Il s'agite et se fâche. Il chu-
chote discrètement à l'oreille du forestier :

« Où sont-ils ? Dis-moi !
60 — Dans une loge feuillue du Morrois, ils dorment étroite-
ment enlacés. Venez vite, nous serons bientôt vengés d'eux !
Sire, si vous n'en tirez pas une âpre[1] vengeance, vous n'avez
aucun droit de régner, assurément. »

Le roi lui dit :
65 « Sors d'ici et si tu tiens à la vie, ne révèle ce que tu sais à personne, qu'il s'agisse d'un étranger ou d'un intime. Va à la Croix

---

1. Dure.

Rouge, sur le chemin qui sort de la ville, là où l'on enterre souvent les morts, et ne bouge plus, attends-moi ! Je te donnerai
autant d'or et d'argent que tu voudras, je te le promets. »

70   Le forestier quitte le roi, se rend près de la croix et s'y assied.
Qu'un mal infect crève les yeux de celui qui voulait perdre
Tristan ! Le forestier aurait mieux fait de s'en aller, car il connut
par la suite une mort honteuse, ainsi que vous l'apprendrez plus
loin. Le roi entra dans la chambre et convoqua tous ses proches.

75   Il leur interdit formellement d'avoir l'audace de le suivre. Tous
lui répondirent :

« Sire, est-ce une plaisanterie ? Vous voulez aller seul quelque
part ? Jamais un roi ne va sans escorte. Quelle nouvelle avez-
vous donc apprise ? Ne vous dérangez pas pour avoir entendu

80   les propos d'un espion ! »

Le roi répond :

« Je n'ai reçu aucune nouvelle mais une jeune fille m'a invité à
venir rapidement lui parler. Elle me demande de n'amener aucun
compagnon. J'irai tout seul sur mon destrier[1] et n'emmènerai ni

85   compagnon ni destrier. Pour cette fois, j'irai sans vous.

– Cela nous inquiète, répondent-ils. Caton[2] recommandait à
son fils d'éviter les endroits écartés.

– Je le sais bien, dit le roi, mais laissez-moi agir à ma guise. »

Le roi fait seller son cheval et ceint[3] son épée. Il déplore en

90   lui-même la traîtrise de Tristan qui lui ravit la belle et radieuse

---

1. Cheval de bataille.
2. Homme politique de la Rome antique.
3. L'attache sur lui.

Yseut avec qui il s'était enfui. S'il les trouve, il les menacera fort
et ne manquera pas de leur nuire. Le roi est parfaitement résolu
à les exterminer. Quelle grande erreur !

95 Il sort de la ville et dit qu'il préfère être pendu plutôt que de
ne pas tirer vengeance de ceux qui l'ont déshonoré. Il arrive à
la croix où le forestier l'attend. Il lui dit de se dépêcher et de le
conduire par le chemin le plus direct. Ils pénètrent dans la forêt
très ombragée.

100 L'espion précède le roi. Le souverain le suit, confiant en
l'épée qu'il a ceinte et avec laquelle il a donné de grands coups.
Il se montre trop présomptueux[1]. Car, si Tristan se réveillait et
si le neveu et l'oncle venaient à se battre, il n'y aurait pas d'autre
issue au combat que la mort de l'un ou de l'autre.

105 Le roi Marc promit de donner vingt marcs d'argent au forestier, s'il le conduisait au lieu convenu. Le forestier (la honte soit
sur lui !) dit qu'ils approchent du but.

L'espion aide le roi à descendre de son bon cheval gascon en
courant de l'autre côté pour lui tenir l'étrier. Ils attachent les
rênes du destrier à la branche d'un pommier vert. Ils marchent
110 encore un peu jusqu'à ce qu'ils aperçoivent la loge qui est l'objet de leur visite.

Le roi délace son manteau aux agrafes d'or fin. Ainsi dévêtu,
il a une noble prestance[2]. Il tire son épée du fourreau, s'avance
furieux en disant qu'il préfère mourir s'il ne les tue pas mainte-
115 nant. L'épée nue, il pénètre dans la loge. Le forestier arrive der-

---

1. Prétentieux.
2. Attitude distinguée et noble.

rière lui et rejoint vite le roi. Marc lui fait signe de se retirer. Il lève l'arme pour frapper ; sa colère l'excite puis s'apaise soudainement. Le coup allait s'abattre sur eux ; s'il les avait tués, c'eût été un grand malheur. Quand il vit qu'Yseut portait sa chemise
120 et qu'un espace la séparait de Tristan, que leurs bouches n'étaient pas jointes, quand il vit l'épée nue entre eux et les braies de Tristan, le roi s'exclama :

« Dieu ! Qu'est-ce que cela signifie ? Maintenant que j'ai vu leur comportement, je ne sais plus ce que je dois faire, les tuer
125 ou me retirer. Ils sont dans ce bois depuis bien longtemps. Je puis bien croire, si j'ai un peu de bon sens, que s'ils s'aimaient à la folie, ils ne seraient pas vêtus, il n'y aurait pas d'épée entre eux et ils se seraient disposés d'une autre manière. J'avais l'intention de les tuer, je ne les toucherai pas. Je refrénerai[1] ma
130 colère. Ils n'ont aucun désir d'amour fou. Je ne frapperai ni l'un ni l'autre. Ils sont endormis. Si je les touchais, je commettrais une grave erreur et si je réveillais ce dormeur, s'il me tuait ou si je le tuais, il se répandrait des bruits fâcheux. Avant qu'ils ne s'éveillent, je leur laisserai des signes tels qu'ils sauront avec cer-
135 titude qu'on les a trouvés endormis, qu'on a eu pitié d'eux et qu'on ne veut nullement les tuer, ni moi, ni qui que ce soit dans mon royaume. Je vois au doigt de la reine l'anneau serti d'émeraude que je lui ai donné un jour (il est d'une grande valeur). Moi, j'en porte un qui lui a appartenu. Je lui ôterai le mien du
140 doigt. J'ai sur moi des gants de vair[2] qu'elle apporta d'Irlande.

---

1. Retiendrai.
2. Fourrure d'écureuil.

Je veux en couvrir son visage à cause du rayon de lumière qui
brûle sa face et lui donne chaud. Quand je repartirai, je prendrai l'épée qui se trouve entre eux et qui servit à décapiter le
Morholt[1]. »

145 Le roi ôta ses gants et regarda les deux dormeurs côte à côte ;
avec ses gants, il protégea délicatement Yseut du rayon de
lumière qui tombait sur elle. Il remarqua l'anneau à son doigt
et le retira doucement, sans faire bouger le doigt. Autrefois,
l'anneau était entré difficilement mais elle avait maintenant les
150 doigts si grêles[2] qu'il en glissait sans peine. Le roi sut parfaitement lui retirer. Il ôta doucement l'épée qui les séparait et mit
la sienne à la place. Il sortit de la loge, rejoignit son destrier et
l'enfourcha. Il dit au forestier de s'enfuir : qu'il s'en retourne et
disparaisse !

155 Le roi s'en va et les laisse dormir. Cette fois-ci, il ne fait rien
d'autre. Le roi retourne dans sa cité. De plusieurs côtés, on lui
demande où il s'est rendu et où il est resté si longtemps. Le roi
leur ment et ne révèle pas où il est allé, ce qu'il a cherché, ni ce
qu'il a bien pu faire.

160 Mais revenons aux dormeurs que le roi venait de quitter dans
le bois. Il semblait à la reine qu'elle se trouvait dans une grande
futaie[3], sous une riche tente. Deux lions s'approchaient d'elle,
cherchant à la dévorer. Elle voulait implorer leur pitié mais les
lions, excités par la faim, la prenaient chacun par une main.

---

1. Géant irlandais tué par Tristan.
2. Minces.
3. Allée de grands arbres.

165 Sous l'effet de la peur, Yseut poussa un cri et s'éveilla. Les gants garnis d'hermine[1] blanche lui sont tombés sur la poitrine.

À ce cri, Tristan s'éveille, le visage tout empourpré[2]. Saisi par l'effroi, il se lève d'un bond, saisit l'épée comme un homme furieux. Il regarde la lame et n'aperçoit pas la brèche[3]. Il recon-
170 nut par contre la garde d'or qui la surmontait et comprit que c'était l'épée du roi. La reine vit à son doigt l'anneau qu'elle avait donné à Marc alors qu'on lui avait ôté du doigt la bague qu'elle tenait de Marc. Elle s'écria :

« Seigneur, hélas ! Le roi nous a découverts.

175 – Dame, c'est vrai, lui répond-il. Maintenant, il nous faut quitter le Morrois car nous sommes très coupables à ses yeux. Il m'a pris mon épée et m'a laissé la sienne. Il aurait très bien pu nous tuer.

– Seigneur, vraiment, je le pense aussi.

180 – Belle, maintenant il ne nous reste plus qu'à fuir. Le roi nous a quittés pour mieux nous tromper. Il était seul et il est allé chercher du renfort ; il pense vraiment s'emparer de nous. Dame, fuyons vers le pays de Galles ! Mon sang se retire. »

Béroul, *Tristan et Yseut*, vers 1801-2100,
fin XIIe siècle, trad. Ph. Walter, coll. « Classiques de poche »,
© LGF, Le Livre de Poche.

1. Mammifère proche de la belette à la fourrure blanche tachetée.
2. Rouge.
3. Son épée portait une entaille.

BIEN LIRE

• **L. 72-74 : Repérez l'anticipation.**

• **L. 175-183 : Le geste noble du roi est-il compris des amants ? Pourquoi cela souligne-t-il le caractère inattendu de sa réaction ?**

MARCO POLO, *LIVRE DES MERVEILLES*

Texte 10 : Entrée en matière

Fils de négociants vénitiens, Marco Polo passe seize ans au service de l'empereur de Chine à la fin du XIIIᵉ siècle. De retour en Italie, il met à profit un séjour en prison pour rédiger cette œuvre qui connaîtra un grand succès pendant plusieurs siècles. Il privilégie ce qui étonne le lecteur et son récit est peu exact.

Ici commence l'introduction du livre qui est appelé « la description du monde »

Seigneurs, Empereurs et Rois, Duc et Marquis, Comtes, Chevaliers et Bourgeois, et vous tous qui voulez connaître les
5 différentes races d'hommes, et la variété des diverses régions du monde, et être informés de leurs us et coutumes[1], prenez donc ce livre et faites-le lire ; car vous y trouverez toutes les grandissimes merveilles et diversités de la Grande et de la Petite Arménie, de la Perse, de la Turquie, des Tartares et de l'Inde, et
10 de maintes[2] autres provinces de l'Asie Moyenne et d'une partie de l'Europe quand on marche à la rencontre du Vent-Grec, du Levant et de la Tramontane ; c'est ainsi que notre livre vous les contera en clair et bon ordre, tout comme Messire Marco Polo,

---

1. Habitudes.
2. Nombreuses.

sage et noble citoyen de Venise, les décrit parce qu'il les a vues
15 de ses propres yeux.

Sans doute il y a ici certaines choses qu'il ne vit pas, mais il
les tient d'hommes dignes d'être crus et cités. C'est pourquoi
nous présenterons les choses vues pour vues et les choses entendues pour entendues, en sorte que notre livre soit sincère et
20 véritable sans nul mensonge, et que ses propos ne puissent être
taxés de fables[1].

Et quiconque en fera ou en entendra la lecture y devra croire,
parce que toutes choses y sont véritables.

Je peux bien vous le dire : depuis que Notre Sire Dieu a
25 façonné Adam, notre premier père, et Ève avec ses mains et jusqu'aujourd'hui, oncques[2] ne fut Chrétien, Sarrazin, Païen,
Tartare, Indien, ou autre homme de quelque sorte, qui ait vu,
connu ou étudié autant de choses dans les diverses parties du
monde, ni de si grandes merveilles, que ledit Messire Marco
30 Polo ; nul autre n'y fit autant de voyages qui n'eut autant d'oc-
casions de voir et de comprendre ; par le cours de sa vie, on
peut comprendre et juger que ce noble citoyen est d'un esprit
juste et excellent, puisqu'il fut toujours hautement apprécié des
seigneurs et des princes. C'est pourquoi il s'est dit que ce serait
35 grand malheur s'il ne faisait pas coucher par écrit toutes les
grandes merveilles qu'il vit ou reçut pour vraies, de sorte que les
autres gens, qui ne les ont ni vues ni connues, les sachent grâce

---

1. Jugés faux.
2. Jamais.

à ce livre. En outre, je vous apprendrai qu'il demeura dans ces différentes régions et provinces bien vingt-six années entières, 40 depuis le début de sa jeunesse jusqu'à l'âge de quarante ans.

Puis demeurant dans le donjon de Gênes par suite de la guerre, et n'aimant pas rester oisif, il pensa qu'il pourrait composer ledit livre pour le plaisir des lecteurs. Il n'avait consigné[1] lui-même que bien peu des choses dont il a souvenir encore 45 aujourd'hui ; c'est bien peu en regard de la vaste relation[2], et presque infinie, qu'il aurait pu faire s'il avait cru possible de revenir dans nos régions ; mais jugeant presque impossible de quitter jamais le service du Grand Kaan, roi des Tartares, il nota seulement quelques détails dans ses tablettes. À présent, il a fait 50 écrire toutes ces choses en bon ordre à Messire Rustichello, citoyen de Pise, qui était avec lui dans le même donjon de Gênes, en l'an 1298 depuis la naissance de notre Seigneur et Maître Jésus-Christ.

Et il l'a divisé en trois parties.

Marco Polo, *Livre des merveilles*, env. 1300,
trad. Louis Hambis, © Klincksieck.

---

1. Noté.
2. Récit.

BIEN LIRE

• L. 1-15 : Notez l'adresse au public (fréquente au Moyen Âge), ici élargie à toute la société.

• L. 24-34 : Le récit de voyage s'ouvre par un portrait flatteur de l'auteur. Est-ce habituel ?

• L. 38-53 : Où le texte a-t-il été écrit selon Marco Polo ?

FABLIAUX

Texte 11 : « La vieille qui graissa la patte au chevalier »

Le fabliau est un court récit comique, un conte de structure très simple, qui s'achève sur une morale. L'histoire de cette vieille naïve illustre parfaitement ce genre qui s'est épanoui de la fin du XIIe siècle au milieu du XIIIe.

Je vais vous raconter une histoire, à propos d'une vieille femme, pour vous amuser.

Cette vieille femme avait deux vaches, dont elle tirait sa subsistance[1]. Un jour que les vaches étaient dehors, le prévôt[2] les
5 trouva dans son pré. Il les fait conduire en sa maison. Quand la vieille apprend la chose, elle va le trouver sans plus attendre et le prie de lui faire rendre ses vaches. Elle le prie et le supplie, mais rien n'y fait : le prévôt reste sourd à ses supplications.

– Par ma foi, dit-il, belle vieille, vous paierez d'abord votre
10 écot[3], de bons deniers[4] sortis de votre pot.

La bonne femme s'en va, triste et abattue, la tête basse, la mine longue. Elle rencontre en route Hersant, sa voisine, et lui conte son affaire.

La voisine lui dit qu'elle doit aller parler au chevalier : il n'y
15 a qu'à lui « graisser la patte »[5] et il lui rendra ses vaches, sans lui

---

1. Qui la faisait vivre.
2. Officier de police.
3. Dû.
4. Monnaie de l'époque.
5. Expression figurée signifiant « corrompre ».

demander rien de plus. La bonne femme, dans sa naïveté, rentre chez elle et va prendre un morceau de lard[1] dans sa cuisine, puis se dirige tout droit vers la maison du chevalier.

Celui-ci se promenait devant sa demeure et il se trouvait qu'il avait mis ses mains derrière son dos. La vieille femme s'approche de lui par-derrière et se met à lui frotter la paume de la main avec son lard.

Quand le chevalier sent à sa main le contact du lard, il se retourne et aperçoit la vieille femme.

— Bonne vieille, que fais-tu donc ?

— Sire, pour l'amour de Dicu, miséricorde[2] ! On m'a dit de venir à vous et de vous graisser la paume : si je pouvais le faire, mes vaches me seraient rendues toutes quittes[3].

— Celle qui t'a appris cette leçon entendait[4] tout autre chose ; mais tu n'y perdras rien pour autant. On te rendra tes vaches toutes quittes, et je te donnerai en plus le pré et l'herbe.

Que les hommes riches et faux tirent la morale de l'aventure ; ils vendent leur parole et ne font rien honnêtement. Chacun se laisse aller à prendre, le pauvre n'a aucun droit, s'il ne donne[5].

La vieille qui graissa la patte au chevalier, trad. Alex. Micha, coll. « Étonnants Classiques », Éditions Flammarion.

---

1. Graisse de porc.
2. Pitié.
3. Sans rien en échange.
4. Voulait dire.
5. À moins qu'il ne donne quelque chose.

BIEN LIRE

• **L. 1-2 : Notez la simplicité de ton avec laquelle le narrateur engage le lecteur à l'écouter.**

• **Remarquez que le pouvoir appartient en définitive à la noblesse (le chevalier) et non à l'officier (le prévôt) : le rang l'emporte sur la fonction.**

Texte 12 : « Les perdrix »

La perdrix est un gibier de choix mais c'est un bien petit oiseau. Si une femme rusée et gourmande se met en tête de s'en réserver le plaisir, les hommes n'ont qu'à bien se tenir !

Je veux vous raconter aujourd'hui, au lieu d'un récit imaginaire, une aventure qui est arrivée vraiment à certain vilain[1].

Il prit deux perdrix au bas de sa haie et mit tous ses soins à les faire préparer[2]. Sa femme sut fort bien les apprêter, elle fit
5 du feu, tourna la broche, tandis qu'il s'en fut inviter le curé.

Mais il tarde à revenir et les perdrix se trouvent prêtes. La dame les tire de la broche, pince un peu de peau cuite qui reste à ses doigts et, gourmande comme elle était, elle s'en régale. Puisqu'elle en a l'occasion, elle cède à la satisfaction de ses
10 désirs. Elle attaque alors une des perdrix et en mange les deux ailes : si on lui demande plus tard ce que les perdrix sont devenues, elle saura très bien se tirer d'affaire. Les deux chats, dira-t-elle, sont venus, ils me les ont arrachées des mains et ont emporté chacun la sienne.

15 Elle retourne encore dans la rue, pour voir si son mari ne revient pas. Sa langue se met alors à frémir de convoitise[3] ; elle sent qu'elle va devenir enragée, si elle ne mange pas un tout petit bout de la seconde perdrix. Elle enlève le cou, le cou

1. Petit paysan.
2. Cuisiner.
3. D'envie.

exquis, elle le savoure avec délices : il lui paraît si bon qu'elle
20 s'en lèche les doigts.

– Hélas ! dit-elle, que vais-je faire maintenant ? Si je mange
le tout, que dirai-je pour m'excuser ? Mais comment laisser le
reste ? J'en ai trop grande envie... Tant pis, advienne que
pourra, il me faut la manger toute.

25 Et elle fait si bien qu'elle la mange toute, en effet.

Le vilain ne tarde guère à rentrer. À la porte du logis il se met
à crier :

– Femme ! Femme ! Les perdrix sont-elles cuites ?

– Hélas, mon mari ! Tout est au plus mal, les chats les ont
30 mangées.

Le vilain passe la porte en courant et se jette sur sa femme
comme un enragé ; un peu plus il lui aurait arraché les yeux.

– C'est pour rire ! C'est pour rire ! se met-elle alors à crier.
Sors d'ici, démon ! Je les ai couvertes pour les tenir au chaud.

35 – Tant mieux, foi que je dois à saint Ladre[1], car tu n'aurais
pas eu sujet de rire ! Allons, mon hanap[2] de bon bois, ma plus
belle et plus blanche nappe ! Je vais étendre mon manteau sous
la treille[3], dans le pré, et nous prendrons notre repas dehors.

– C'est bon, mais prends ton couteau, il en a grand besoin ;
40 va donc l'aiguiser contre la pierre de la cour.

Le vilain quitte son habit et court, son couteau à la main. Le
curé arrive alors, qui s'en vient pour manger avec eux ; il entre

---

1. Saint Avare !
2. Grand vase à boire.
3. Vigne.

dans la maison et salue la dame. Mais elle lui donne pour toute réponse :

45 — Fuyez, messire, fuyez ! Je ne veux pas vous voir maltraité. Mon mari est là-dehors, qui aiguise son grand couteau. Il dit qu'il vous tranchera les oreilles, s'il peut vous attraper.

— Que me racontez-vous ? dit le curé, nous devons manger ensemble deux perdrix que votre mari a prises ce matin.

50 — Il vous l'a dit, mais il n'y a ici ni perdrix ni oiseau dont vous puissiez manger. Regardez-le donc là-bas, voyez comme il aiguise son couteau.

— Oui, je le vois, et j'ai grand-peur que vous ne disiez vrai.

Et sans demeurer davantage, il s'enfuit à toute allure. Alors la 55 femme se met à crier :

— Sire Gombaud ! Sire Gombaud ! Venez vite !

— Qu'as-tu donc ? dit celui-ci en accourant.

— Ce que j'ai ? Tu le sauras bientôt. Mais si tu ne cours bien vite, tu en auras grand dommage ! Voilà le curé qui se sauve 60 avec tes perdrix !

Aussitôt le vilain se met à courir et, le couteau en main, essaie de rattraper le curé qui fuit.

— Vous ne les emporterez pas ainsi toutes chaudes, crie-t-il en l'apercevant. Vous me les laisserez, si je vous rattrape. Ce serait 65 être mauvais compagnon que de les manger sans moi.

Le curé regarde derrière lui et voit accourir le vilain ; et le voyant ainsi tout près, couteau en main, il se croit mort et se met à courir de plus belle ; et l'autre court toujours après lui

dans l'espoir de reprendre ses perdrix. Mais le curé a de
70 l'avance, il gagne sa maison et s'y enferme au plus vite.

Le vilain revient au logis et demande à sa femme :

– Dis-moi, femme, comment tu as perdu les perdrix.

– Le curé est venu et m'a demandé d'être assez bonne pour
les lui montrer. Il les regarderait, disait-il, bien volontiers. Je l'ai
75 mené tout droit au lieu où je les tenais couvertes pour les garder au chaud. Il a vite fait d'ouvrir la main, de les prendre et de
se sauver avec. Je ne l'ai pas poursuivi, mais je t'ai tout de suite
appelé.

– C'est peut-être vrai, dit le vilain.

80 Ainsi furent bernés Gombaud et le curé.

Ce fabliau vous montre que la femme est faite pour tromper : avec elle le mensonge devient bientôt vérité, et la vérité
mensonge. Mais je n'en dirai pas plus long.

Les perdrix, trad. Alex. Micha,
coll. « Étonnants classiques », Éditions Flammarion.

> **BIEN LIRE**
>
> • **L. 16** : Remarquez que la langue est comme dotée d'une vie
> autonome et incontrôlable sous l'effet de la gourmandise.
>
> • **L. 17 et l. 32** : Comment les époux sont-ils rapprochés par le
> narrateur ?
>
> • **L. 36** : Comparez le hanap de bois du vilain avec celui de la jeune
> fille à la tente (texte 6).

Texte 13 : « Le curé qui mangea des mûres »

Voici une autre histoire de gourmandise. La fin piquante montre que les auteurs médiévaux, profondément religieux par bien des aspects, n'hésitent pourtant pas à ridiculiser le clergé.

Un curé voulait aller au marché. Il fit seller sa mule et hop ! le voilà parti. On était en septembre, il faisait beau, la tiédeur de l'air était toute parfumée, et le curé sur sa mule lisait doucement son bréviaire[1] en regardant sa belle campagne… Peu à peu, tout
5 de même, il s'approchait du bourg, lorsqu'il vit, débouchant sur la route, un chemin creux joli, joli, avec par-delà le fossé un buisson couvert de grosses mûres noires. « Sainte Vierge, dit le curé, jamais je n'ai vu d'aussi belles mûres ! »

Il entre dans le chemin, il regarde la profondeur du fossé,
10 hésite un peu, mais il se décide : il y engage sa mule avec prudence et l'arrête juste devant le buisson. Il cueille, il cueille tendrement, et il se recueille pour mieux savourer. Les mûres fondent dans sa bouche, elles sont exquises. Qu'importe s'il doit se piquer un peu la main et les poignets ! il ne faut pas laisser
15 perdre les dons de Dieu.

Cependant les mûres les plus belles sont aussi les plus hautes. Elles sont toutes fraîches, toutes brillantes dans le soleil. Pour les cueillir, le curé, maintenant, monte tout debout sur la mule ;

---

1. Livre de prières.

il s'assure bien, et il se régale à loisir. La mule est sage comme
20 une image, elle ne bouge pas d'un pouce.

Sa gourmandise un peu calmée, le curé la regarde, tout atten-
dri. Il admire qu'elle ait pu rester si longtemps pareillement
tranquille : « La bonne bête ! Si jamais quelqu'un criait « Hue »,
je ferais une belle culbute. »

25 Le malheureux ! Il avait pensé tout haut, il avait dit : « Hue » !
La mule détale, le curé tombe. Sa cheville s'est enflée d'un coup,
le fossé est boueux, il n'arrive pas à se dépêtrer dans sa soutane, il
glisse, il souffre, impossible de tenir debout, il retombe. La mule
le regarde, elle revient sur la route, elle a envie de manger elle
30 aussi, elle se met au petit trot pour regagner son presbytère[1].

Quand ils la voient rentrer, toute seule, les domestiques s'in-
quiètent : « Notre curé a eu un malheur, disent-ils, il est peut-
être mort. Faut aller voir. »... Ils partent aussi vite qu'ils
peuvent et passent près du chemin creux. Le curé les entend,
35 il crie :

« Ho ! Ho ! Je suis là ! Je suis dans le fossé. J'ai des épines partout, aidez-moi !

– Mais qu'est-ce que vous faites là-dedans, monsieur le
curé ?... Agrippez-vous, allez-y... Comment donc êtes-vous
40 tombé là ? Ce n'est pas sur la route.

– Ah ! mes amis, c'est le péché, le péché. J'avais beau lire mon
bréviaire, les mûres m'ont induit en tentation. Je suis monté sur

---

1. Maison d'un prêtre.

la selle ! Ramenez-moi tout de suite, je vous en prie. Je suis moulu. »

45   Il ne faut jamais penser tout haut, Messeigneurs.

Le curé qui mangea des mûres, adapté par Pol Gaillard
et Françoise Rachmuhl, Classiques Hatier.

BIEN LIRE Notez que le curé de campagne n'a pas un cheval mais un âne :
il est du même monde que les vilains qu'il côtoie.

Texte 14 : « Estula »

*Deux frères pauvres en sont réduits à voler. L'histoire pourrait
être tragique. L'auteur de ce fabliau préfère construire un récit
rocambolesque où les événements s'enchaînent à une allure endia-
blée et délivrent une morale de bon sens.*

Il y avait deux frères, sans père ni mère pour les conseiller et
sans autre compagnie. Pauvreté était leur amie, et elle fut souvent leur compagne. C'est la chose qui tourmente le plus ceux
avec qui elle habite : il n'est pire maladie. Les deux frères dont
5 je vous parle vivaient ensemble. Une nuit ils n'en pouvaient
plus de soif, de faim et de froid : chacun de ces maux accable
souvent ceux que Pauvreté tient en son pouvoir. Ils se mettent
à se demander comment ils pourraient se défendre contre
Pauvreté qui les tourmente et souvent les accule à la famine.
10 Un homme qu'on disait fort riche habitait tout près de chez
eux ; ils sont pauvres, le riche est sot. Dans son jardin il y avait
des choux et dans son étable[1] des brebis. Tous deux se dirigent
de ce côté : Pauvreté fait perdre son bon sens à plus d'un
homme. L'un attache un sac à son cou, l'autre prend un cou-
15 teau à la main et tous deux se mettent en route. Suivant un sentier, ils sautent d'un bond dans l'enclos ; l'un s'accroupit et
coupe des choux sans se gêner ; l'autre se dirige vers le bercail[1]

---

1. Lieu où sont parquées les bêtes.

pour en ouvrir la porte et en vient à bout ; il lui semble que son affaire va bien et à tâtons il cherche le mouton le plus gras.

20   Mais on était encore debout dans la maison : on entend la porte du bercail quand elle s'ouvre. Le paysan appelle son fils :

– Va voir au bercail, dit-il, et fais revenir le chien à la maison.

Le chien s'appelait Estula[1]. Le garçon y va et crie :

– Estula ! Estula !

25   – Oui, certainement, je suis ici.

Il faisait très obscur, tout noir, si bien que le garçon ne peut apercevoir celui qui lui a répondu, mais croit vraiment que le chien a parlé. Sans plus attendre, il revient tout droit à la maison, transi[2] de peur.

30   – Qu'as-tu, cher fils ? lui dit son père.

– Sire, par la foi que je dois à ma mère, Estula vient de me parler.

– Qui, notre chien ?

– Oui, ma parole, et si vous ne voulez pas me croire, appe-

35 lez-le et vous l'entendrez répondre.

Le vieil homme sort aussitôt pour assister à cette merveille[3] ; il entre dans la cour et appelle Estula, son chien.

– Mais oui je suis là, répond le voleur qui ne se doute de rien.

Le brave homme est stupéfait.

40   – Par tous les saints et par toutes les saintes, mon fils, j'ai entendu bien des choses étonnantes, mais jamais la pareille !

---

1. Prononcez « ètula ».
2. Tremblant.
3. Curiosité.

Va vite, raconte ce miracle au curé, ramène-le avec son étole[1]
et de l'eau bénite. Le garçon se hâte au plus vite et arrive au
presbytère[2]. Il ne traîne guère à l'entrée et aborde immédiate-
45 ment le prêtre.

— Sire, dit-il, venez à la maison ouïr de grandes merveilles ;
jamais vous n'en avez entendu de pareilles. Prenez l'étole à
votre cou.

— Tu es complètement fou, dit le curé, de vouloir me faire
50 sortir à cette heure ; je suis nu-pieds, je ne peux pas y aller.

— Si, vous viendrez, lui répond l'autre, je vous porterai.

Le curé prend son étole et sans plus de paroles monte sur les
épaules du jeune homme qui reprend son chemin, et pour arriver plus vite, prend le sentier que les deux frères avaient
55 emprunté à la recherche de victuailles[3]. Le premier qui est en
train de cueillir les choux aperçoit le surplis blanc du curé et
croit que son compagnon lui apporte quelque butin.

— Apportes-tu quelque chose ? lui demande-t-il plein de joie.

— Oui, ce qu'il me fallait, fait le garçon, croyant que c'est son
60 père qui lui a adressé la parole.

— Vite, dit l'autre, jette-le vite à terre, mon couteau est bien
aiguisé, je l'ai fait hier affûter à la forge ; je m'en vais lui couper
la gorge.

Quand le curé l'entend, il croit qu'on l'a attiré dans un guet-
65 apens. Il saute à terre des épaules de celui qui n'est pas moins

---

1. Bande d'étoffe qui se place sur l'habit religieux.
2. Maison d'un prêtre.
3. Nourritures.

éberlué[1] que lui et qui décampe[2] de son côté. Le curé tombe au beau milieu du sentier, mais son surplis[3] s'accroche à un pieu et y reste, car il n'ose pas s'arrêter pour l'en décrocher. Le frère qui cueillait les choux n'est pas moins ébahi[4] que ceux qu'il a fait
70 fuir : il ignore ce qui se passe. Toutefois il va prendre la chose blanche qu'il voit pendre au pieu et s'aperçoit que c'est un surplis. À ce moment son frère sort de la bergerie avec un mouton et appelle son compagnon qui a son sac plein de choux ; tous deux ont les épaules bien chargées. Sans demander leur reste, ils
75 se mettent en chemin vers leur maison qui est toute proche. Le voleur au surplis montre alors son butin ! Ils plaisantent et rient, de bon cœur, et le rire qu'ils ont depuis longtemps perdu leur est alors rendu.

   Dieu travaille en peu de temps : tel rit le matin qui pleure le
80 soir, et tel est renfrogné[5] le soir qui au matin retrouve la joie.

Estula, trad. Alex Micha,
coll. « Étonnants Classiques », Éditions Flammarion.

---

1. Très étonné.
2. File en courant.
3. Vêtement liturgique blanc.
4. Très étonné.
5. De mauvaise humeur.

BIEN LIRE

• L. 2 : Repérez la personnification de la pauvreté.

• Texte 12 (l. 50-62) et texte 14 (l. 61-66) : Observez la similitude des deux quiproquos où le couteau joue un grand rôle.

LE ROMAN DE RENART

Texte 15 : Les enfances de Renart

Le Roman de Renart a été écrit par plusieurs auteurs durant deux siècles. L'unité en est assurée par le personnage principal : Renart. Ce dernier est rusé, habile et se comporte comme un humain. L'œuvre propose une critique de la société à travers le rire que suscitent les défauts des hommes.

Messeigneurs, de nombreux conteurs vous ont déjà dit bien des histoires, celle de Pâris qui enleva Hélène et les malheurs et les peines qui s'ensuivirent, celle de Tristan, relatée avec talent par La Chèvre, et aussi des fabliaux et des chansons de geste. On vous
5 a raconté les histoires du lin et de la bête, et encore beaucoup d'autres à travers toute la Terre. Mais jamais vous n'avez entendu le récit de la longue et terrible guerre que Renart et Isengrin se sont livrée. Elle dura très longtemps et fut impitoyable.

Ces deux vassaux, c'est pure vérité, ne se sont jamais aimés,
10 pas même un seul jour, bien au contraire, ils se sont affrontés en de nombreuses batailles et de multiples combats, voilà la vérité.

Je commencerai l'histoire dès maintenant.

Écoutez donc s'il vous plaît ! Pour le plaisir, je vais vous
15 raconter comment ils sont venus au monde – je l'ai trouvé dans mes lectures – et qui étaient Renart et Isengrin. J'ai trouvé dans un coffret un livre intitulé *Aucupre*. J'y ai lu beaucoup d'his-

toires sur Renart et sur d'autres choses, dont on doit bien oser
parler. J'ai trouvé une histoire extraordinaire dont l'initiale est
20 une lettre vermeille[1].

Si je ne l'avais trouvée dans ce livre, j'aurais pensé que celui
qui m'aurait raconté une aventure pareille était ivre : mais on
doit croire ce qui est écrit. Que celui qui n'aime pas les livres ni
ne croit en leur contenu meure déshonoré, ce n'est que justice !

25 Aucupre raconte dans le texte qui suit cette lettrine[2] (que le
Seigneur le protège, lui qui a su si bien l'écrire), comment Dieu
a chassé Adam et Ève du Paradis, pour n'avoir pas respecté Ses
commandements. Comment aussi Il les a pris en pitié, leur a
donné une verge[3] et leur a montré comment s'en servir. Quand
30 ils ont besoin de quelque chose, qu'ils en frappent la mer.

Adam, la verge à la main, devant Ève, frappe la mer : à peine
l'a-t-il fait, qu'une brebis en sort. Alors Adam dit à Ève :
« Madame, prenez cette brebis et gardez-la. Elle vous donnera
du lait et du fromage. Nous aurons assez à manger. »

35 Ève se dit en elle-même que, si elle avait une autre bête, cela
ferait une plus belle compagnie. Elle saisit aussitôt la verge et
frappe la mer brutalement. Un loup en sort qui s'empare de la
brebis, puis s'enfuit dans les bois à toute vitesse, au grand galop.

Ève, voyant que sa brebis est perdue si on ne lui vient pas en
40 aide, crie et hurle très fort. Adam reprend la verge et frappe la
mer, mécontent. Un chien en sort aussitôt et se met à courir

---

1. Rouge doré.
2. Lettre décorée dans un manuscrit.
3. Bâton souple.

après le loup à la rescousse de la brebis et l'enlève au loup bien malgré lui. Celui-ci ferait la même chose demain s'il trouvait à nouveau la brebis dans la plaine ou dans les bois. Mais à cause
45 de ce méfait, le loup retourne tout honteux dans la forêt.

Quand Adam retrouve son chien et sa brebis, il est tout heureux et joyeux. D'après le livre, ces deux bêtes ne pourraient vivre et se nourrir sans l'aide des hommes. On ne peut imaginer de bêtes plus dépendantes de l'homme.
50 Chaque fois qu'Adam frappe la mer, il en sort une bête que tous les deux gardent. Quelle qu'elle soit, ils l'apprivoisent. Toutes celles qu'Ève fait sortir, on ne peut les retenir. À peine sorties de la mer, elles s'enfuient dans le bois à la suite du loup. Les animaux d'Adam s'apprivoisent bien, ceux d'Ève devien-
55 nent sauvages. Parmi celles-là, sort le goupil[1] qui devient sauvage. Il a le poil roux comme Renart, il est très malin et méchant. Très intelligent, il trompe toutes les autres bêtes qu'il rencontre. Ce goupil représente Renart, si habile dans son art. Et tous ceux qui rusent et trompent sont désormais appelés
60 Renart à cause de Renart et son goupil. Ils en savent beaucoup l'un et l'autre ; si Renart sait bien outrager les hommes, le goupil sait tromper les bêtes. Tous deux descendent bien d'une même lignée[2] et ont mêmes mœurs[3] et même caractère.

De même, de son côté, Isengrin, l'oncle de Renart, est,
65 sachez-le, un grand voleur, qui dérobe jour et nuit. Il est repré-

1. Nom commun pour un renard en ancien français.
2. Descendance.
3. Façons d'être.

senté par le loup qui dérobe la brebis d'Adam. Et tous ceux qui savent bien voler, de jour comme de nuit, sont à bon droit appelés Isengrin. Ils sont bien tous de la même lignée, ont mêmes pensées, même caractère. Tous deux ont été voleurs en
70 même temps et c'est pour cette raison qu'on appelle le loup Isengrin.

Le Roman de Renart, trad. Anne Leteissier,
coll. « Classiques & Contemporains », Magnard.

Texte 16 : Renart et les anguilles

Jamais à court de ressources quant il s'agit de nourrir les siens,
Renart sait prendre tous les risques pour berner des hommes peu
disposés à partager leur pêche avec maître Goupil.

Seigneurs, c'était à cette époque où le doux temps de l'été
s'achève, et où l'hiver revient. Renart était dans sa demeure,
mais il n'avait plus aucune provision. Il n'avait plus rien à tro-
quer[1], ni de quoi acheter, et n'avait donc plus rien pour
5 reprendre des forces. Par nécessité, il s'est mis en route.
Silencieusement, pour qu'on ne le voie pas, il traverse les
marécages qui s'étendent entre les bois et la rivière, tant et si
bien qu'il arrive à la grand-route. Au milieu du chemin, Renart
s'accroupit et tend le cou de tous les côtés. Il ne sait pas où trou-
10 ver à manger, et la faim le tiraille grandement. Il ne sait que
faire, et s'inquiète.
Alors il se couche le long d'une haie, et attend qu'il se passe
quelque chose. Et voici qu'arrivent à grande allure des marchands qui transportent du poisson ; ils viennent de la mer. Ils
15 ont quantité de harengs frais, car la bise a bien soufflé toute la
semaine. Les paniers sont aussi pleins d'autres bons poissons de
toutes tailles, ainsi que de lamproies[2] et d'anguilles qu'ils ont

---

1. Échanger.
2. Poissons proches de l'anguille.

achetées en ville. La charrette est bien chargée. Et Renart, qui
trompe tout le monde, est tout au plus à une portée d'arc d'eux.

20   Quand il voit la charrette chargée d'anguilles et de lamproies,
il court au-devant des marchands, par des voies détournées,
afin qu'ils ne l'aperçoivent pas. Puis il se couche au milieu du
chemin.

Et maintenant, écoutez comment il les a trompés. Il se vautre
25 sur l'herbe et fait le mort. Renart, qui trompe si bien les
hommes, baisse les paupières, retrousse ses babines et retient sa
respiration. A-t-on jamais vu pareille traîtrise ? Il reste là, couché, sans bouger.

Les marchands arrivent, ne se doutant de rien. Le premier
30 qui le voit l'examine, et appelle son compagnon : « Regarde là,
c'est un goupil ou un chien ? » L'autre s'écrie : « C'est un goupil ; va, prends-le, va ! Le fils de pute, attention qu'il ne
t'échappe ! Il sera drôlement malin, Renart, s'il ne nous laisse
pas sa peau[1] ! »

35   Le marchand s'empresse, suivi de son compagnon. Ils arrivent près de Renart. Ils trouvent le goupil sur le dos. Ils ne
craignent plus d'être mordus. Ils estiment la peau du dos et de
la gorge. L'un dit qu'elle vaut trois sols[2] : « Si Dieu le veut,
répond l'autre, elle en vaut bien quatre, et c'est encore bon
40 marché ! Nous ne sommes pas trop chargés : jetons-le dans la
charrette. Vois comme la gorge est blanche et nette ! » À ces

---

1. Sa fourrure.
2. Monnaie de l'époque.

mots, ils s'avancent et le jettent dans la charrette, et se remettent en route.

Tous deux sont très contents. « Nous ne ferons rien mainte-
45 nant, disent-ils, mais ce soir, chez nous, nous lui retournerons
la peau. » Pour le moment ils se contentent de plaisanter – mais
Renart ne fait qu'en rire, car il y a loin de la coupe aux lèvres.
Il se couche à plat ventre sur les paniers et en ouvre un avec les
dents.
50   Il en a bien tiré trente harengs, sachez-le. Le panier est
presque entièrement vidé. Il en mange beaucoup, et de bon
appétit, sans sel ni sauge[1]. Avant de s'en aller, il retournera
encore à la pêche, je n'en doute pas. Il s'attaque à l'autre panier.
Il y plonge le museau, et ça ne manque pas, il en sort trois cha-
55 pelets d'anguilles. Renart, qui a plus d'un tour dans son sac,
passe les chapelets autour de son cou, et les glisse jusqu'à son
dos, qu'il recouvre. À présent il peut s'arrêter, mais il faut trouver un moyen pour descendre de la charrette. Il n'y a ni
planche, ni marche. Il s'agenouille pour réfléchir : comment
60 pourra-t-il sauter sans encombre[2] ?
    Il s'avance et, les pattes en avant, se jette de la charrette au
milieu du chemin. Il porte son butin autour du cou. Quand il
a sauté, il crie aux marchands : « Dieu vous garde ! Ces
anguilles-là sont les nôtres, et le reste est à vous ! »

---

1. Plante aromatique.
2. Sans souci.

⁶⁵   Les marchands en l'entendant restent tout ébahis. « Regarde le Renart ! » s'écrient-ils. Ils sautent de la charrette où ils avaient cru prendre Renart, mais Renart ne les a pas attendus. L'un des marchands considère la situation, et dit à l'autre : « Nous ne nous sommes pas assez méfiés, à ce que je vois. » Ils frappent
⁷⁰ leurs mains l'une contre l'autre. « Hélas ! dit l'un, notre préten-tion[1] nous a coûté cher. Nous avons été tous les deux incons-cients et bien sots d'avoir cru Renart. Lui a bien estimé les paniers et les a un peu allégés. Il emporte deux chapelets d'an-guilles. Que la colique[2] le torde ! – Ha ! se plaignent les mar-
⁷⁵ chands, Renart, maudite engeance[3] ! Que les anguilles vous res-tent en travers de la gorge !

    – Seigneurs, je ne suis pas là pour discuter. Dites ce que vous voudrez, je suis Renart, et ne répondrai pas. »

    Les marchands le poursuivent. Mais ce n'est pas aujourd'hui
⁸⁰ qu'ils le rattraperont. Car il a un cheval si rapide qu'il galope à travers les vallées sans s'arrêter jusqu'aux abords de son châ-teau. Alors les deux marchands l'abandonnent en se traitant de nigauds[4]. Ils s'avouent vaincus, et rebroussent chemin. Et celui qui s'est tiré de bien des mauvais pas continue au trot et arrive
⁸⁵ droit à son château, où toute sa famille, bien malheureuse, l'attend.

    Renart passe la clôture. Hermeline, jeune fille noble et cour-

---

1. Orgueil.
2. Diarrhée.
3. Race.
4. Imbéciles.

toise à la perfection, s'élance à sa rencontre, et Percehaie et
Malebranche, les deux frères, sautent au cou de leur père qui
90 s'en vient à petits bonds, le ventre bien plein, rassasié, les
anguilles autour du cou. Il ferme la porte derrière lui, à cause
des anguilles qu'il apporte. Maintenant, Renart est dans sa tour.
Ses fils lui font un bel accueil. Ils lui ont bien nettoyé les
jambes. Ils ont écorché[1] les anguilles, et les ont coupées en
95 morceaux. Ils ont fait des broches avec des baguettes de cou-
drier[2], et y ont enfilé les morceaux.

Le Roman de Renart, trad. Anne Leteissier,
coll. « Classiques & Contemporains », Magnard.

---

1. Retiré la peau.
2. Bois tendre.

BIEN LIRE

• **L. 1-5 :** En quoi peut-on dire du *Roman de Renart* que c'est une « épopée de la falm » ?
• **L. 32 :** Notez la verdeur de la langue littéraire au Moyen Âge.
• **L. 63-64 :** Remarquez que Renart est un fanfaron : il ne se contente pas de duper, il ridiculise ses victimes.

LA FARCE DE MAÎTRE PATHELIN

Texte 17 : Le trompeur trompé

La farce, genre théâtral populaire, présente des personnages dans leur vie quotidienne. Chef-d'œuvre du genre, La Farce de Maître Pathelin *met en scène un avocat pauvre qui a promis à sa femme de lui rapporter du tissu neuf. Il trompe le drapier Joceaulme avant d'être lui-même victime d'un berger dans la suite du texte.*

PATHELIN : J'en prendrai six tout bonnement, il me faut aussi un chaperon[1].

LE DRAPIER : Tenez-le là, nous allons les mesurer largement. *(Ils mesurent ensemble.)* Une, et deux, et trois, et quatre, et cinq
5 et six.

PATHELIN : Ventre saint Pierre[2] ! C'est ric-rac[3].

LE DRAPIER : Dois-je le mesurer à nouveau ?

PATHELIN : Non, par le diable ! Ça ne se joue pas sur grand-chose. À combien se monte le tout ?

10 LE DRAPIER : Nous le saurons vite : à vingt-quatre sous l'aune[4], pour les six, cela nous fait neuf francs.

PATHELIN : Hum ! Pour une fois ! Cela fera donc six écus ?

LE DRAPIER : Par Dieu, oui.

---

1. Coiffure en forme de bonnet.
2. Juron médiéval.
3. C'est juste.
4. Mesure.

PATHELIN : Eh bien, monsieur, voulez-vous me les laisser à
15 crédit, jusqu'à tout à l'heure, quand vous viendrez chez moi ?
(Le drapier fronce le sourcil.) Non, pas à crédit. Vous prendrez
l'argent chez moi, en or ou en monnaie.

LE DRAPIER : Par Notre Dame, cela me fait faire un grand
détour d'aller par là.

20 PATHELIN : Hé ! Ce n'est pas tout à fait exact, par monseigneur saint Gilles. Vous l'avez très bien dit : vous ferez un
détour ! c'est bien cela ! Vous ne cherchez jamais une occasion
de venir boire chez moi, eh bien, cette fois vous y boirez.

LE DRAPIER : Eh, par saint Jacques, je ne fais pas autre chose
25 que boire. Je viendrai, mais ce n'est pas bien de vendre à crédit
au premier client du jour, vous savez.

PATHELIN : Cela ne vous suffit-il pas que je paye ce premier
achat en écus d'or et non en petite monnaie ? Et en plus, vous
mangerez l'oie que ma femme fait rôtir, par Dieu.

30 LE DRAPIER, *à part* : Cet homme me rend vraiment idiot. *(À
Pathelin)* Allez devant maintenant, et moi je vous suivrai et porterai le drap.

PATHELIN : Mais pas du tout ! En quoi cela me gênera-t-il de
porter ce drap sous le bras ? En rien du tout.

35 LE DRAPIER : Ne vous inquiétez pas, il vaut mieux que je le
porte moi, ce sera plus honnête.

PATHELIN : Que la sainte Madeleine m'envoie sa malédiction
si vous prenez cette peine ! J'ai bien dit : sous le bras. *(Il met le
drap sous sa robe.)* Cela me fera là une belle bosse ! Ah ! ça ira

40 très bien. Il y aura à boire et à manger chez moi avant que vous ne repartiez.

LE DRAPIER : Je vous prie de me donner mon argent dès que j'arriverai.

PATHELIN : Je le ferai. Et, par Dieu, non, je ne le ferai pas
45 avant que vous ayez pris votre repas complètement ; et je ne voudrais pas avoir sur moi de quoi vous payer. Ainsi, vous viendriez goûter mon vin. Feu votre père[1], en passant, criait toujours : « Compère ! » ou « Que dis-tu ? » ou « Que fais-tu ? » ; mais vous, les riches, vous n'avez que mépris pour les pauvres
50 gens.

LE DRAPIER : Et par le sang bleu[2], c'est nous les plus pauvres !

PATHELIN : Ouais ! Adieu ! Adieu ! Rendez-vous tout à l'heure au lieu dit et nous boirons bien, je vous le promets.

LE DRAPIER : Entendu. Allez devant et que j'aie mon or.

55 PATHELIN, *en partant* : De l'or ? Et quoi encore ? De l'or ! Par le diable ! Je n'y manquerai pas. *(À part)* Non ! De l'or ! Qu'il soit pendu ! Dame ! Il ne me l'a pas vendu à mon prix mais au sien, mais il sera payé au mien. Il lui faut de l'or ! On le bernera[3] ! S'il court jusqu'à ce qu'il soit payé, il fera plus de che-
60 min qu'il y en a d'ici à Pampelune[4].

LE DRAPIER, *seul* : Les écus qu'il me donnera ne verront ni le soleil, ni la lune de toute l'année[5], à moins qu'on ne me les vole.

---

1. Votre défunt père.
2. Juron médiéval.
3. Trompera.
4. Ville d'Espagne (en Navarre), utilisée pour parler d'un lieu très lointain.
5. Car ils seront dans un coffre.

Il n'est si grand acheteur qui ne trouve vendeur plus fort. Ce trompeur-là est bien bête, il a pris pour vingt-quatre sous l'aune
65 un drap qui n'en valait pas vingt !

La Farce de Maître Pathelin, scène 2, env. 1460,
trad. Anne Leteissier, coll. « Classiques & Contemporains », Magnard.

LA FARCE DU CUVIER

Texte 18 : Qui porte la culotte ?

Le « cuvier » est un gros baquet pour le linge qui jouera un rôle comique dans la suite de la farce. Ici, nous assistons à une scène de ménage que la présence de la belle-mère rend encore plus drôle.

LA FEMME *de Jacquinot entre, suivie de près par sa mère.* – Diable ! que de paroles ! Taisez-vous ! ce sera plus sage.

LA MÈRE, *à sa fille.* – Qu'y a-t-il ?

LA FEMME. – Quoi ? et que sais-je ? Il y a toujours tant à faire !
5 et il ne pense pas au nécessaire indispensable à la maison.

LA MÈRE, *à son gendre.* – Oui, il n'y a pas là raison ni matière à discuter. Par Notre Dame ! il faut obéir à sa femme, comme le doit faire un bon mari. Si même un jour elle vous bat, quand vous ferez ce qu'il ne faut pas…

10 JACQUINOT. – Oh, oh ! sachez bien que je ne le souffrirai[1] de ma vie.

LA MÈRE. – Et pourquoi ? Par sainte Marie ! pensez-vous que, si elle vous châtie[2] et vous corrige[3] en temps et lieu, cela soit par méchanceté ? Non, parbleu ! ce n'est qu'une preuve d'amour.

15 JACQUINOT. – C'est bien dit, ma mère Jacquette. Mais ce

---

1. Je ne le tolérerai pas.
2. Punit
3. Bat.

n'est rien dire à propos que de parler si peu franchement.
Qu'entendez-vous par là ? je vous demande explication.

LA MÈRE. – J'entends[1] bien. Je veux dire que la première
année de mariage une querelle, cela n'est rien. Entendez-vous,
20 mon gros bêta ?

JACQUINOT. – Bêta ! vertu saint Paul, mais qu'est-ce à dire ?
Vous m'accoutrez en beau messire[2] que de me faire si vite devenir bêta ! J'ai nom Jacquinot, mon vrai nom : l'ignorez-vous ?

LA MÈRE. – Non, mon ami, non ! mais vous êtes néanmoins
25 un bêta marié.

JACQUINOT. – Parbleu ! je n'en suis que trop fâché !

LA MÈRE. – Certes, Jacquinot, mon ami ; mais vous êtes
homme maîtrisé[3].

JACQUINOT. – Maîtrisé ! vertu saint Georges ! J'aimerais
30 mieux qu'on me coupât la gorge ! Maîtrisé ! bénie soit Notre-
Dame !

LA FEMME. – Il faut agir au gré de sa femme ; oui, vraiment,
quand elle vous le commande.

JACQUINOT, *comme à lui-même*. – Ah ! saint Jean ! elle me
35 commande bien trop d'affaires en vérité.

LA MÈRE. – Eh bien ! pour mieux vous en souvenir, il vous
faudra prendre un rôlet[4] et inscrire sur un feuillet tout ce qu'elle
vous commandera.

---

1. Je comprends.
2. Vous me ridiculisez.
3. Soumis.
4. Au sens propre, un petit rôle de théâtre ; ici, une liste à apprendre par cœur.

JACQUINOT. – Qu'à cela ne tienne! cela sera. Je vais com-
40 mencer à écrire. *(Il va à la table, s'assied, prend un rouleau de papier et une plume d'oie.)*

LA FEMME. – Écrivez donc, pour qu'on puisse lire. Mettez que vous m'obéirez, que jamais vous ne refuserez de faire tout ce que moi, je voudrai.

45 JACQUINOT, *prêt à jeter sa plume.* – Ah! corbleu[1], je n'en ferai rien, sauf si c'est chose raisonnable.

LA FEMME. – Mettez donc là, pour abréger et éviter de me fatiguer, qu'il faudra toujours vous lever le premier pour faire la besogne.

50 JACQUINOT. – Par Notre-Dame de Boulogne, à cet article je m'oppose. Lever le premier! et pour quelle chose?

LA FEMME. – Pour chauffer au feu ma chemise.

JACQUINOT. – Me direz-vous que c'est l'usage?

LA FEMME. – C'est l'usage, et la bonne façon. Retenez bien
55 cette leçon.

LA MÈRE. – Écrivez!

LA FEMME. – Mettez, Jacquinot!

JACQUINOT. – J'en suis encore au premier mot! Vous me pressez de façon sans pareille.

60 LA MÈRE. – La nuit, si l'enfant se réveille, il vous faudra, comme on le fait un peu partout, prendre la peine de vous lever pour le bercer, le promener dans la chambre, le porter, l'apprê-ter, fût-il minuit!

---

1. Juron médiéval.

JACQUINOT. – Alors, plus de plaisir au lit ! apparemment c'est
65 ce qui m'attend.

LA FEMME. – Écrivez !

JACQUINOT. – En conscience, ma page est remplie jusqu'en
bas. Que voulez-vous donc que j'écrive ?

LA FEMME, *menaçante.* – Mettez ! ou vous serez frotté[1].

70   JACQUINOT. – Ce sera pour l'autre côté. *(Et il retourne le
feuillet.)*

LA MÈRE. – Ensuite, Jacquinot, il vous faut pétrir, cuire le
pain, lessiver…

LA FEMME. – Tamiser[2], laver, décrasser…

75   LA MÈRE. – Aller, venir, trotter, courir, et vous démener
comme un diable.

LA FEMME. – Faire le pain, chauffer le four…

LA MÈRE. – Mener la mouture[3] au moulin…

LA FEMME. – Faire le lit de bon matin, sous peine d'être bien
80 battu.

LA MÈRE. – Et puis mettre le pot au feu et tenir la cuisine
nette.

JACQUINOT, *n'écrivant plus assez vite.* – Si je dois mettre tout
cela, il faut le dire mot à mot.

85   LA MÈRE. – Bon ! écrivez donc, Jacquinot : pétrir…

LA FEMME. – Cuire le pain…

JACQUINOT, *vérifiant ce qu'il a déjà écrit.* – Lessiver…

---

1. Battu.
2. Trier avec un tamis.
3. Farine.

LA FEMME. – Tamiser…

LA MÈRE. – Laver…

90   LA FEMME. – Décrasser…

JACQUINOT, *feignant de ne plus suivre.* – Laver quoi ?

LA MÈRE. – Les pots et les plats.

JACQUINOT. – Attendez, ne vous hâtez pas. *(Écrivant.)* Les pots, les plats…

95   LA FEMME. – Et les écuelles[1].

La Farce du Cuvier, scène 2, après 1450, adapté par André Tissier, coll. « Étonnants Classiques », Éditions Flammarion.

---

1. Assiettes larges et creuses sans rebord.

BIEN LIRE

- **L. 7-9 : Sur quel effet de surprise compte l'auteur ici ?**
- **L. 13 : Peut-on dire que cela illustre le proverbe « qui aime bien châtie bien » ?**
- **L. 64 : Comment comprendre l'allusion ?**
- **L. 72-82 : Notez l'effet d'accumulation dû à l'énumération.**
- **Remarquez toutes les fois où les personnages jurent sur des noms de saints.**

VILLON

Texte 19 : La Ballade des menus propos

Poète et truand, Villon eut des démêlés avec la justice et fut emprisonné pour vol et homicide. En 1463, il est condamné à être « pendu et étranglé ». Sauvé de justesse, il est banni de Paris et l'on perd sa trace. La « ballade des menus propos » énumère avec humour et légèreté toutes les connaissances peu utiles que l'homme préfère à la seule qui vaille : celle de lui-même.

Je connais[1] bien mouches en lait,
Je connais à la robe l'homme,
Je connais le beau temps du laid,
Je connais au pommier la pomme,
5   Je connais l'arbre à voir la gomme[2],
Je connais quand tout est de même,
Je connais qui besogne ou chôme[3],
Je connais tout, fors que[4] moi-même.

Je connais pourpoint au collet[5],
10   Je connais le moine à la gonne[6],

---

1. Reconnais ou distingue.
2. Résine.
3. Travaille ou reste oisif.
4. Sauf, hormis.
5. La veste à son col.
6. Robe.

Je connais le maître au valet,
Je connais au voile la nonne,
Je connais quand pipeur[1] jargonne[2],
Je connais fous nourris de crèmes[3],
15　Je connais le vin à la tonne[4],
Je connais tout, fors que moi-même.

Je connais cheval et mulet,
Je connais leur charge et leur somme,
Je connais Biatris et Belet[5],
20　Je connais jet qui nombre et somme[6],
Je connais vision et somme,
Je connais la faute des Bohêmes[7],
Je connais le pouvoir de Rome[8],
Je connais tout, fors que moi-même.

25　Prince, je connais tout en somme,
Je connais colorés et blêmes,

---

1. Tricheur.
2. Utilise le jargon des voleurs.
3. Ici, le fromage, qui passait pour être l'aliment des fous.
4. Tonneau.
5. Béatrice et Isabelle.
6. Les jetons à compter.
7. L'hérésie des Bohémiens.
8. Le pouvoir du Pape.

Je connais mort qui tout consomme[1],
Je connais tout, fors que moi-même.

Villon, « La Ballade des menus propos »,
1463 (orthographe modernisée), Droits réservés.

---

1. Achève.

- **V. 1 : Le ton du poème est donné dès cette image. Pouvez-vous le caractériser ?**
- **V. 12 : Notez qu'il s'agit d'une petite variation sur l'expression courante du vers 10.**

CHARLES D'ORLÉANS

Texte 20 : « Hiver, vous n'êtes qu'un vilain ! »

Prince de sang royal, Charles d'Orléans fut capturé par les Anglais lors de la bataille d'Azincourt en 1415. Il resta prisonnier en Angleterre pendant vingt-cinq ans. Quand il rentre en France, sans avenir politique, il réunit autour de lui à Blois une brillante cour de poètes parmi lesquels Villon. Il choisit le genre du rondeau (à la fois bref et musical). Il s'adresse ici à l'hiver pour lui reprocher sa dureté.

Hiver, vous n'êtes qu'un vilain !
Été est plaisant et gentil,
En témoin de[1] Mai et d'Avril
Qui l'accompagnent soir et matin.

5 Été revêt[2] champs, bois et fleurs
De sa livrée[3] de verdure
Et de maintes[4] autres couleurs
Par l'ordonnance de Nature.

Mais vous, Hiver, êtes trop plein

---

1. Selon le témoignage de.
2. Habille.
3. Costume. Comptez trois syllabes : li-vré-e.
4. Nombreuses.

10 De neige, vent, pluie et grésil[1] ;
On devrait vous bannir en exil !
Sans point flatter je parle plain[2] :
Hiver, vous n'êtes qu'un vilain !

Charles d'Orléans, « Hiver, vous n'êtes qu'un vilain ! »,
vers 1460 (orthographe modernisée).

---

1. Sorte de grêle.
2. Franc.

BIEN LIRE

• Remarquez l'usage des majuscules qui permettent de personnifier certains éléments abstraits.

• Vers final : Le rondeau se ferme-t-il sur lui-même comme la forme le réclame ?

Texte 21 : « Le temps a laissé son manteau »

Charles d'Orléans célèbre dans ses rondeaux la poésie du quoti-
dien. Après l'hiver, le poète chante l'arrivée du printemps qui fait
du spectacle de la nature une fête du regard.

Le temps a laissé son manteau
De vent, de froidure et de pluie,
Et s'est vêtu de broderie
De soleil luisant clair et beau.

5   Il n'y a bête ni oiseau
Qu'en son jargon[1] ne chante ou crie :
Le temps a laissé son manteau.
Rivière, fontaine et ruisseau

Portent, en livrée[2] jolie,
10   Gouttes d'argent d'orfèvrerie ;
Chacun s'habille de nouveau[3],
Le temps a laissé son manteau.

Charles d'Orléans, « Le temps a laissé son manteau »,
env. 1460 (orthographe modernisée).

1. Qui en son langage.
2. Costume.
3. Avec de nouveaux habits.

BIEN LIRE
• V. 2 et v. 4 : Notez le rythme ternaire utilisé dans ces deux phrases.
• Notez que le refrain n'est pas repris le même nombre de fois dans les textes 20 et 21.

XVIᵉ siècle

RABELAIS, *PANTAGRUEL*

Texte 22 : La mort de Badebec

Rabelais a été moine, médecin célèbre, humaniste traducteur des Anciens, puis, à trente-huit ans, écrivain de roman, genre mineur à l'époque. La chronique des géants qui s'ouvre avec Pantagruel s'élabore pendant vingt ans et dessine les figures inoubliables de Pantagruel, Gargantua, Frère Jean ou encore Panurge.

Du deuil que mena Gargantua pour la mort de sa femme Badebec

Quand Pantagruel fut né, qui fut bien ébahi et perplexe[1] ? Ce fut Gargantua son père. Car voyant d'un côté sa femme
5 Badebec morte, et de l'autre son fils Pantagruel né, si beau et si grand, il ne savait que dire, ni que faire. Et le doute qui troublait son esprit était de savoir s'il devait pleurer pour le deuil de sa femme, ou rire pour la joie que lui causait son fils. Pour l'un et l'autre, il avait assez d'arguments sophistiqués[2] qui le suffo-
10 quaient, car il les formulait très bien en forme de syllogismes[3], mais il ne pouvait les résoudre. Et par cette méthode, il demeurait empêtré comme un milan[4] pris au lacet[5].

---

1. Très étonné et sans voix.
2. Recherchés.
3. Modes de raisonnement en trois parties.
4. Oiseau de proie.
5. Piège.

« Pleurerai-je ? disait-il. Oui. Mais pourquoi ? Ma femme si bonne est morte, qui était la plus ceci et la plus cela qui jamais
15 fut au monde. Jamais je ne la reverrai, jamais je n'en retrouverai une pareille. Je fais une perte inestimable ! Ô mon Dieu que t'avais-je fait pour que tu me punisses ainsi ? Que ne me donnas-tu la mort avant elle, car vivre sans elle ne m'est que dépérir. Hé, Badebec, ma mignonne, m'amie, mon petit con[1] (elle
20 en avait bien pourtant trois arpents[2] et deux sexterées[2]), ma tendrette, ma braguette, ma savate, ma pantoufle, jamais je ne te reverrai. Ah, mort traîtresse, que tu me veux de mal, que tu me fais d'outrage, en me prenant celle à qui l'éternité appartenait de droit ! »

25 Et en disant cela, il pleurait comme une vache. Mais soudain il riait comme un veau, quand il se rappelait Pantagruel. « Oh mon petit fils, disait-il, mon peton, mon couillon, que tu es joli ! et que je dois de mercis à Dieu qui m'a donné un si beau fils, si joyeux, si riant, si joli ! Hohohoho que je suis content !
30 buvons et laissons toute mélancolie ! Apporte du meilleur, rince les verres, mets la nappe, chasse les chiens, allume les chandelles, ferme cette porte, renvoyez ces pauvres. Enlève-moi mon manteau, que je me mette en pourpoint[3] pour mieux festoyer les commères. »

35 Et en disant cela, il entendit la litanie[4] et les prières commé-

---

1. Sexe féminin (terme aujourd'hui vieilli).
2. Mesures de longueur.
3. Veste.
4. Forme de prière.

moratives[1] des prêtres qui portaient sa femme en terre. Il laissa donc son bon propos et soudainement fut emporté ailleurs : «Jésus, faut-il que je me contriste[2] encore ? Cela m'est désagréable, le temps est dangereux, je pourrais prendre quelque
40 fièvre, je suis presque fou. Foi de gentilhomme, il vaut mieux pleurer moins et boire plus. Ma femme est morte ? Eh bien par Dieu, je ne la ressusciterai pas par mes pleurs ; elle est bien, elle est au moins en Paradis, si non mieux. Elle prie Dieu pour nous. Elle est bienheureuse, elle ne se soucie plus de nos misères
45 et de nos calamités[3]. Autant nous arrivera un jour : Dieu protège le survivant ! Il me faut penser à en trouver une autre.

« Mais voici ce que vous ferez, dit-il aux sages-femmes : allez à son enterrement, et pendant ce temps je resterai à bercer mon fils. Car je me sens bien altéré[4] et serais en grand danger de
50 tomber malade. Mais buvez un peu avant, car vous vous en trouverez bien. Faites ce que je dis, sur mon honneur » À quoi elles obtempérèrent[5] et allèrent à l'enterrement. Et le pauvre Gargantua demeura en son hôtel. Mais il fit pendant ce temps cette épitaphe[6] à graver sur la tombe :

55 *Elle en mourut, la noble Badebec,*
Du mal d'enfantement ; en elle étaient mes délices,

---

1. En souvenir de Badebec.
2. Attriste.
3. Désastres.
4. Ici, peu en forme.
5. Obéirent.
6. Poème gravé sur une tombe.

En son petit visage de rebec[1],
Sa taille d'Espagnole, son gros ventre de Suisse.
Or priez Dieu de lui être propice,
60   Et de lui pardonner, si jamais elle pécha.
Ci-gît son corps, où elle vécut sans vice
Et mourut l'an et jour auquel elle trépassa[2].

Rabelais, *Pantagruel*, Chap. III, 1532,
trad. Marie-Madeleine Fragonard, © Éditions Pocket, Univers Poche.

---

1. Instrument de musi-
que proche du violon.
2. Mourut.

BIEN LIRE

• **L. 3-12 : Comment qualifieriez-vous la situation de Gargantua ?**

• **L. 13-34 : Notez que les exclamations n'ont pas la même valeur dans ces deux paragraphes.**

• **L. 38-51 : Le dilemme empêche-t-il Gargantua de prendre soin de lui ?**

• **Comparez le début de ce récit et celui du *Roman de Renart* (texte 15).**

Texte 23 : Voyage à l'intérieur d'un géant

Après sa victoire contre les Dispodes, l'armée de Pantagruel se protège d'un orage en se réfugiant sous la langue du géant. Le narrateur, lui, pénètre dans sa bouche et découvre un monde inconnu. Ainsi, à l'époque des grandes découvertes, l'homme lui-même apparaît aussi comme un monde à découvrir. Le médecin et l'humaniste se rejoignent.

Comment Pantagruel de sa langue couvrit toute une armée et de ce que l'auteur vit dedans sa bouche.

Donc, le mieux que je pus, je montai par-dessus et cheminai bien deux lieues[1] sur sa langue, si bien que j'entrai dans sa bouche. Mais ô dieux et déesses, que vis-je ? Que Jupiter me frappe de sa foudre à trois pointes si je mens. J'y cheminais
5 comme on fait à Sainte-Sophie de Constantinople, et j'y vis de grands rochers, comme les montagnes des Danois, je crois que c'étaient ses dents ; et de grands prés, de grandes forêts, de fortes et grosses villes, pas moins grandes que Lyon ou Poitiers.

Le premier que je rencontrai fut un bonhomme qui plantait
10 ses choux. Ébahi[2], je lui demandai :

« Mon ami, que fais-tu ici ?

– Je plante des choux.

– Et pourquoi et comment ?

---

1. À peu près quatre kilomètres.
2. Voir note 1 p. 101.

– Ah, monsieur, nous ne pouvons pas tous être riches[1]! Je
15 gagne ainsi ma vie et je les porte à vendre au marché de la ville
qui est là derrière.

– Jésus, dis-je, il y a ici un nouveau monde.

– Certes il n'est pas nouveau, mais on dit qu'hors d'ici il y a
une terre neuve où ils ont soleil et lune et tout plein de belles
20 choses ; mais celui-ci est plus ancien.

– Certes, dis-je, mais, mon ami, comment s'appelle cette
ville où tu portes tes choux à vendre ?

– Son nom est Gosier[2] ; et ils sont chrétiens, gens de bien, et
vous accueilleront bien. »

25 Bref, je décidai d'y aller.

Sur mon chemin je trouvai un compagnon qui posait des
filets aux pigeons. À qui je demandai :

« Mon ami, d'où vous viennent ces pigeons ici ?

– Sire, dit-il, de l'autre monde. »

30 Lors[3] je pensai que quand Pantagruel bâillait, les pigeons à
pleine volée entraient dans sa gorge, pensant que c'était un
colombier.

Puis j'entrai dans la ville, que je trouvai belle, solide, et de
bon air ; mais à l'entrée les portiers me demandèrent mon bul-
35 letin[4], de quoi je fus très ébahi et leur demandai :

« Messieurs, y a-t-il ici danger de peste ?

---

1. Le texte original est beaucoup plus cru...
2. Gorge.
3. Alors.
4. Certificat de santé.

– Ô Seigneur, on se meurt ici auprès[1] tant que le chariot des morts court par les rues.

– Jésus, dis-je, et où ? »

40 À quoi ils répondirent que c'était en Laringues et Pharingues qui sont deux grosses villes telles que Rouen et Nantes, riches et bien marchandes. La cause de la peste était une puante et infecte exhalation[2] venue des abîmes[3] depuis peu dont il était mort plus de vingt-deux cent mille personnes depuis huit jours.

45 Lors je pensai et calculai, et trouvai que c'était une puante haleine qui était venue de l'estomac de Pantagruel quand il mangea tant d'aillade comme nous l'avons raconté. Partant de là, je passai entre les rochers qui étaient ses dents, et fis tant que je montai sur une, et là je trouvai les plus beaux lieux du 50 monde, beaux grands jeux de paume[4], belles galeries, belles prairies, force vignes, et une infinité de maisonnettes à la mode italienne parmi des champs pleins de délices ; et je demeurai là bien quatre mois et jamais je ne fis telle bonne vie que là.

Puis je descendis par les dents de derrière pour venir aux bau-55 lèvres[5], mais en passant je fus détroussé[6] par des brigands dans une grande forêt qui est près des oreilles.

Puis je trouvai une petite bourgade en descendant, j'ai oublié son nom, où je fis encore meilleure chère[7] que jamais, et gagnai

---

1. Dans cette ville.
2. Souffle.
3. Profondeurs.
4. Sport, ancêtre du tennis.
5. Lèvres.
6. Volé.
7. Excellente nourriture.

quelque argent pour vivre. Et savez-vous comment ? À dormir ;
60 car on loue là les gens à la journée pour dormir, et ils gagnent
cinq à six sols[1] par jour ; mais ceux qui ronflent bien fort
gagnent bien sept sols et demi. Et je racontai aux sénateurs[2]
comment j'avais été détroussé par la vallée : ils me dirent que
vraiment les gens de par-delà les dents étaient mal vivants et
65 brigands de nature. À quoi je connus que, comme nous avons
des régions de deçà et delà les monts, ils ont aussi deçà et delà
les dents. Mais il fait bien meilleur par-deçà, et il y a un
meilleur air.

Et là je commençai à penser que ce qu'on dit est bien vrai :
70 que la moitié du monde ne sait comment l'autre vit ; vu que nul
encore n'a écrit de ce pays-là, où il y a plus de vingt-cinq
royaumes habités, sans compter les déserts et un gros bras de
mer. Mais j'en ai composé un grand livre intitulé l'*Histoire des
Gorgias* : car ainsi les ai-je nommés, parce qu'ils demeurent en
75 la gorge de mon maître Pantagruel.

Finalement je voulus m'en retourner et, passant par la barbe,
je me jetai sur ses épaules, et de là me dévalai par terre et tom-
bai devant lui. Et quand il m'aperçut, il me demanda :

« D'où viens-tu, Alcofribas[3] ? »
80 Et je lui répondis :

« De votre gorge, monsieur.

– Et depuis quand y es-tu ? dit-il.

---

1. Monnaie de l'époque.
2. Maîtres de la bourgade.
3. Alcofribas Nasier : anagramme de François Rabelais sous lequel il publia certaines œuvres.

– Depuis que vous alliez contre les Almyrodes.

– Il y a plus de six mois ! Et de quoi vivais-tu ? que mangeais-
85 tu ? que buvais-tu ? »

Je répondis :

« Seigneur, de vous-même, et des plus friands morceaux qui
passaient par votre gorge, j'en prenais le péage.

– Mais où chiais-tu ?

90 – Dans votre gorge, monsieur, dis-je.

– Ha, ha, tu es gentil compagnon, dit-il. Nous avons, avec
l'aide de Dieu, conquis tout le pays des Dipsodes ; je te donne
la châtellenie de Salmigondin.

– Grand merci, monsieur », dis-je.

Rabelais, *Pantagruel,* chap. XXII, 1532,
trad. Marie-Madeleine Fragonard, © Éditions Pocket, Univers Poche.

BIEN LIRE

• Notez le mélange de culture savante et d'humour scatologique.
• L. 40 : Quel effet produisent ces allusion au larynx et au pharynx ?
• L. 69-75 : Comparez ce passage aux premières lignes du texte 10 (Marco Polo).
• L. 69-75 : En quoi peut-on dire que le narrateur écrit une parodie des récits de voyage dont l'époque est friande (voir textes 28 à 30) ?

RABELAIS, *GARGANTUA*

Texte 24 : Frère Jean des Entommeures

Grandgousier, le père de Gargantua, est attaqué par son voisin le roi Picrochole. Un moine haut en couleurs, frère Jean des Entommeures, participe à cette guerre. C'est l'occasion pour Rabelais de donner une vision humoristique du monde religieux, qu'il connaît de l'intérieur, et de dénoncer les horreurs de la guerre.

Comment un moine de Seuillé sauva l'enclos de l'abbaye du saccage des ennemis

À force de courir partout en pillant et volant, ils[1] arrivèrent à Seuillé, où ils détroussèrent[2] hommes et femmes et prirent
5 tout ce qu'ils purent : rien ne leur était trop chaud ou trop pesant. Bien que la peste ravageât presque toutes les maisons, ils entraient partout, volaient tout ce qu'il y avait ; pourtant jamais aucun n'en fut atteint. Ce qui est un cas bien étonnant : car les curés, vicaires[3], prêcheurs, médecins, chirurgiens et apothi-
10 caires[4] qui allaient visiter, panser, guérir, prêcher et confesser les malades étaient tous morts de l'infection, et ces diables pillards et meurtriers n'en souffrirent aucun mal. D'où vient cela, Messieurs ? Pensez-y, je vous prie.

1. Les hommes de Picrochole.
2. Dévalisèrent.
3. Aides des prêtres.
4. Pharmaciens.

Le bourg ainsi pillé, ils se rendirent à l'abbaye dans un épou-
15 vantable désordre, mais ils la trouvèrent bien protégée et fer-
mée ; aussi l'armée principale poursuivit vers le gué[1] de Vède,
laissant là sept enseignes[2] de fantassins[3] et deux cents lances,
qui se mirent à démolir les murailles de l'enclos pour ravager les
vignes.

20 Les pauvres diables de moines ne savaient à quel saint se
vouer. À tout hasard ils firent sonner le rappel des moines au
chapitre[4]. Là on décréta de faire une belle procession, renforcée
de beaux sermons et de litanies *contre les assauts des ennemis*, et
de beaux répons[5] *pour la paix*.

25 Dans l'abbaye il y avait alors un moine cloîtré, nommé Frère
Jean des Entommeures[6], jeune, vigoureux, gaillard[7], joyeux,
bien adroit, hardi, entreprenant, décidé, grand, maigre, fort en
gueule, le nez avantageux, beau débiteur de prières, bel expédi-
teur de messes ; pour tout dire un vrai moine s'il en fut jamais
30 depuis que le monde moina.

En entendant le vacarme que faisaient les ennemis dans l'enclos de vigne, il sortit pour voir ce qu'ils faisaient. En constat-
ant qu'ils vendangeaient l'enclos dont dépendait leur boisson
de toute l'année, il s'en retourne dans le chœur où étaient

---

1. Endroit peu profond d'une rivière.
2. Drapeaux.
3. Soldats d'infanterie.
4. Pièce où se réunissent les moines.
5. Chants religieux.
6. Chair à pâté = frère Jean du Hachis.
7. Plein d'entrain et de gaieté.

35 réunis les autres moines, tout ahuris[1] comme fondeurs de
cloches ; en les voyant chanter *Im, im, im, pe, e, e, e, e, e, tum,*
um, in, i, ni, mi, co, o, o, o, o, o, rum, um[2] : « C'est, dit-il, bien
chié chanté ! Vertudieu[3], que ne chantez-vous :

Adieu paniers, vendanges sont faites ?

40 Je me donne au diable s'ils ne sont dans notre enclos à si bien
couper ceps[4] et raisins qu'il n'y restera, cordieu ! rien à grap-
piller de quatre ans. Ventre saint Jacques ! que boirons-nous
alors, nous autres pauvres diables ? Seigneur Dieu, *donne-moi à*
boire ! »

45 Alors le prieur dit :

« Que fait ici cet ivrogne ? Qu'on me le mène en prison.
Troubler ainsi le service divin !

– Mais, dit le moine, le service du vin, faisons en sorte qu'il
ne soit pas troublé ; car vous-même, Monsieur le Prieur, vous
50 aimez en boire, et du meilleur, ce que fait tout homme de bien.
Jamais honnête homme ne déteste bon vin. Mais ces répons
que vous chantez ici ne sont, par Dieu ! pas de saison.

« Pourquoi nos prières, au temps de la moisson ou des vendanges, sont-elles si courtes, et si longues pendant l'avent[5] et
55 durant tout l'hiver ? Feu[6] Frère Macé Pelosse, de pieuse
mémoire, vrai zélateur[7] (ou je me donne au diable) de notre

---

1. Très étonnés.
2. En latin, *Impetum inimicorum* : « [Ne craignez pas] l'assaut des ennemis ».
3. Juron ancien.
4. Pieds de vigne.
5. Période qui précède Noël.
6. Défunt.
7. Religieux chargé de veiller sur les novices.

religion, me dit un jour – je m'en souviens – que c'était pour qu'en cette saison nous puissions bien récolter et faire le vin, et qu'en hiver nous le buvions.

60 « Écoutez, vous autres, Messires : qui aime le vin, corps de Dieu, me suive ! Car, j'ose le dire, que le feu saint Antoine me brûle s'ils touchent un godet, ceux qui n'auront pas secouru la vigne ! Ventredieu[1], les biens de l'Église ! Ha, non, non ! Diable ! Saint Thomas d'Angleterre accepta de mourir pour 65 eux : si j'y mourais, ne serais-je pas saint moi aussi ? Mais je n'y mourrai pas, car c'est moi qui vais tuer les autres. »

Rabelais, *Gargantua*, chap. XXV, 1535, trad. Marie-Madeleine Fragonard, © Éditions Pocket, Univers Poche.

---

1. Juron ancien.

BIEN LIRE

• **L. 25-30 :** Remarquez que le paragraphe s'achève sur un jeu sur le mot *moine*. Rabelais est coutumier des néologismes (mots inventés).

• **L. 36-37 :** Quel effet est recherché par le spectacle de ces moines bégayant sous l'effet de la peur ?

• **L. 47-48 :** Goûtez le jeu de mots.

Texte 25 : L'abbaye de Thélème

Après la guerre picrocholine, Gargantua remercie Frère Jean en fondant une abbaye en son honneur : Thélème. Il s'agit d'arriver à concilier christianisme et épanouissement personnel au sein d'une élite soigneusement choisie. Avec Rabelais, l'humour de la chronique n'oublie jamais la réflexion humaniste.

Comment était réglée la vie des Thélémites

Toute leur vie était ordonnée non selon des lois, des statuts ou des règles, mais selon leur bon vouloir et leur libre arbitre. Ils se levaient quand bon leur semblait, buvaient, mangeaient,
5 travaillaient, et dormaient quand le désir leur en venait. Nul ne les réveillait, nul ne les contraignait à boire, à manger, ni à faire quoi que ce soit. Ainsi en avait décidé Gargantua. Pour toute règle, il n'y avait que cette clause, *Fais ce que tu voudras* ; parce que les gens libres, bien nés et bien éduqués, vivant en bonne
10 compagnie, ont par nature un instinct, un aiguillon qui les pousse toujours à la vertu et les éloigne du vice, qu'ils appelaient honneur. Ces gens-là, quand ils sont opprimés et asservis par une honteuse sujétion[1] et par la contrainte, détournent cette noble inclination[2] par laquelle ils tendaient librement à la
15 vertu, vers le rejet et la violation du joug de servitude ; car nous

---

1. Servitude.
2. Désir naturel.

entreprenons toujours ce qui nous est interdit et nous convoitons ce qui nous est refusé.

C'est cette liberté même qui les poussa à une louable émulation[1] : faire tous ce qu'ils voyaient faire plaisir à un seul. Si l'un ou l'une d'entre eux disait : «Buvons», ils buvaient tous; s'il disait : «Jouons», tous jouaient; s'il disait : «Allons nous ébattre[2] aux champs», tous y allaient. S'il s'agissait de chasser à courre ou au vol, les dames, montées sur de belles haquenées[3] suivies du palefroi de guerre[4], portaient sur leur poing joliment gantelé un épervier, un laneret ou un émerillon[5]. Les hommes portaient les autres oiseaux.

Ils étaient si bien éduqués qu'il n'y avait parmi eux homme ni femme qui ne sût lire, écrire, chanter, jouer d'instruments de musique, parler cinq ou six langues et y composer, tant en vers qu'en prose. Jamais on ne vit de chevaliers si vaillants, si hardis, si adroits au combat à pied ou à cheval, plus vigoureux, plus agiles, maniant mieux les armes que ceux-là ; jamais on ne vit de dames si fraîches, si jolies, moins acariâtres[6], plus doctes[7] aux travaux d'aiguille et à toute activité de femme honnête et bien née que celles-là.

C'est pourquoi, quand arrivait le temps où l'un d'entre eux,

---

1. Concurrence.
2. Nous amuser.
3. Juments.
4. Cheval de bataille.
5. Trois espèces d'oiseaux de proie.
6. De caractère difficile.
7. Expertes.

soit à la requête de ses parents, soit pour d'autres raisons, voulait quitter l'abbaye, il emmenait avec lui une des dames, celle
qui l'aurait choisi pour chevalier servant, et ils se mariaient; et
40 s'ils avaient bien vécu à Thélème en amitié de cœur, ils conti-
nuaient encore mieux dans le mariage, et ils s'aimaient autant à
la fin de leurs jours qu'au premier jour de leurs noces.

Rabelais, *Gargantua*, chap. LV, 1535,
trad. Marie-Madeleine Fragonard, © Éditions Pocket, Univers Poche.

BIEN LIRE

• L. 7-12 : Remarquez que l'idéal de Thélème est réservé à une élite
aristocratique.
• L. 30-35 : Évoque-t-on les mêmes qualités pour les hommes et pour
les femmes ?
• L. 40-42 : Remarquez que la mixité et la liberté de l'abbaye ne
débouchent pas sur la débauche sexuelle.

RABELAIS, *LE QUART LIVRE*

Texte 26 : Les moutons de Panurge

Dans la lignée des héros ingénieux et sans scrupule rencontrés dans les œuvres comiques du Moyen Âge, Rabelais introduit dans son récit le rusé Panurge. Lors d'un voyage en mer, ce dernier marchande le prix d'un mouton avec le négociant Dindenault. Celui-ci cherche à rouler Panurge qui ne tarde pas à se venger...

Suite du marché entre Panurge et Dindenault

– Notre ami, mon voisin, dit le marchand, considérez un peu les merveilles prodiguées par Nature en ces animaux que vous voyez ici, même en un membre que vous pourriez considérer
5 comme inutile : prenez-moi ces cornes-là et concassez-les un peu avec un pilon de fer, ou bien un landier[1], ça m'est égal. Puis enterrez en situation ensoleillée la quantité qu'il vous plaira, et arrosez-la souvent. En quelques mois vous verrez naître les meilleures asperges du monde, je ne daignerais en excepter celles
10 de Ravenne. Ne venez pas me raconter que vos cornes, Messieurs les cocus[2], ont une telle vertu et si mirifique[3] propriété.

– Patience, répondit Panurge.

---

1. Instrument de fer.
2. Hommes trompés par leurs femmes (qu'on représentait avec des cornes).
3. Extraordinaire.

– Je ne sais, dit le marchand, si vous êtes clerc[1]. J'ai vu beaucoup de clercs, je précise de grands clercs, cocus. Oui parbleu ! À
15 propos, si vous étiez clerc, vous sauriez que, parmi les membres
les plus inférieurs de ces animaux divins, c'est-à-dire les pieds, il
y a un os, le talon ou l'astragale[2] si vous préférez ; c'est avec cet
os de mouton, et non avec celui d'aucun autre animal du monde,
excepté celui de l'âne indien et des gazelles de Libye, que dans
20 l'Antiquité on jouait au jeu royal des osselets ; l'empereur
Auguste y gagna un soir plus de 50 000 écus. Vous autres, cocus,
vous n'avez aucune chance d'en gagner autant.

– Patience, répondit Panurge. Mais venons-en au fait.

– Et quand, dit le marchand, notre ami, mon voisin, vous
25 aurai-je convenablement vanté tous les membres principaux ? Le
collet, l'épaule, les gigots, le haut-côté, la poitrine, le foie, la rate,
les tripes, le boyau, la vessie, qui sert à jouer à la balle[3] ; les côte-
lettes dont on fait de beaux petits arcs au pays des Pygmées, pour
tirer des noyaux de cerise contre les grues[4] ; la tête dont on fait,
30 avec un peu de soufre, une mirifique décoction[5] pour faire vian-
der les chiens constipés du ventre.

[…] Panurge choisit dans tout le troupeau un beau et grand
mouton, et il l'emportait criant et bêlant, et tous les autres moutons, en l'entendant, bêlaient et regardaient de quel côté on

---

1. Personne instruite.
2. Os du pied.
3. La vessie gonflée d'air sert de ballon.
4. Oiseaux.
5. Tisane.

35 emmenait leur compagnon. Pendant ce temps, le marchand disait à ses moutonniers :

« Oh ! comme il a bien su choisir, le client ! Il s'y entend, le coquin ! Sans mentir, le plus beau sans mentir, je le réservais au seigneur de Cancale, en homme qui connaît bien ses goûts. En
40 effet, de nature, il est tout joyeux et épanoui quand il a en main une épaule de mouton, bien tournée et belle à voir, telle une raquette pour gaucher ; et, avec un couteau bien tranchant, Dieu sait comment il s'en escrime ! »

Comment Panurge fit noyer en mer le marchand et ses
45 *moutons*

Subitement, je ne sais comment – l'incident fut soudain, je n'eus loisir de l'analyser –, Panurge, sans en dire davantage, jette en pleine mer son mouton criant et bêlant. Tous les autres moutons, criant et bêlant sur le même ton, se mirent à se jeter et à
50 sauter en mer après lui, à la file. On se pressait : c'était à qui serait le premier à y sauter après son compagnon. Il n'était pas possible de les en empêcher, comme vous connaissez le naturel du mouton, qui est de toujours suivre le premier, de quelque côté qu'il aille. Aussi, comme le dit Aristote (*Histoire des animaux*, livre 9),
55 c'est l'animal le plus sot et le plus stupide du monde.

Le marchand, tout affolé de voir sous ses yeux ses moutons se noyer et disparaître, s'efforçait de les en empêcher et de les retenir de toutes ses forces. Mais c'était en vain. Tous, à la file, sautaient dans la mer et disparaissaient. Finalement, sur le

⁶⁰ tillac[1] du navire, il en saisit par la toison un grand et fort, croyant ainsi le retenir et, à sa suite, sauver le reste. Le mouton fut si fort qu'il entraîna avec lui le marchand dans la mer, et il se noya ; ainsi les moutons de Polyphème, le Cyclope borgne, entraînèrent hors de la caverne Ulysse et ses compagnons. Les ⁶⁵ autres bergers et moutonniers en firent autant, les prenant les uns par les cornes, les autres par les pattes, les derniers par la toison. Tous pareillement furent entraînés en mer et noyés misérablement.

Panurge, à côté de la cuisine, tenant en main un aviron, non ⁷⁰ pour aider les bergers, mais pour les empêcher de grimper sur le navire et d'échapper au naufrage, les exhortait avec éloquence[2], comme s'il avait été un petit frère Olivier Maillard[3], ou un autre frère Jean Bourgeois[3], leur démontrant par des lieux de rhétorique[4] les misères de ce monde, le bien et le bon ⁷⁵ heur de l'autre vie, affirmant que les trépassés[5] sont plus heureux que les vivants en cette vallée de misère, et promettant à chacun d'ériger[6] un beau cénotaphe[7] et sépulcre[7] du souvenir au plus haut du mont Cenis, à son retour de Lanternois ; néanmoins, au cas où vivre encore parmi les humains ne leur ⁸⁰ ferait point horreur et où il ne leur paraîtrait pas opportun de

---

1. Pont.
2. Encourageait vigoureusement.
3. Prédicateurs célèbres.
4. Belles paroles.
5. Morts.
6. Faire élever.
7. Tombeaux.

se noyer ainsi, il leur souhaitait bonne chance et la rencontre de quelque baleine qui, trois jours plus tard, les déposerait sains et saufs en quelque pays de satin, à l'exemple de Jonas.

Rabelais, *Le Quart Livre, in* « L'Intégrale »,
adapté par Guy Demerson, © Éditions du Seuil, 1973 et nov. 1995.

BIEN LIRE

- Panurge mérite-t-il son nom (« rusé » en grec) ?
- P. 117-119 : Notez que les arguments de Dindenault sont dignes d'un marchand de foire.
- L. 55 : Est-ce innocent si le marchand a vanté les qualités physiques de ses moutons alors que le narrateur insiste sur leur bêtise ?
- L. 69-83 : Notez l'humour noir de Panurge qui ajoute les sarcasmes à la vengeance !

MARGUERITE DE NAVARRE, *L'HEPTAMÉRON*

Texte 27 : Le borgne, sa femme et l'amant

Sœur de François Iᵉʳ, reine de Navarre, Marguerite est liée aux évangéliques (catholiques proches des idées protestantes mais fidèles au Pape). L'Heptaméron est un recueil de contes de tons variés. On reconnaît dans cette histoire conjugale traitée sur un ton plaisant l'influence des contes médiévaux.

Comment la femme d'un vieux valet du duc d'Alençon put cacher son amant à son mari qui était borgne

Il y avait un vieux valet de chambre de Charles, dernier duc d'Alençon[1], qui avait perdu un œil et qui était marié avec une
5 femme beaucoup plus jeune que lui. Et, parce que ses maîtres l'aimaient plus que tout autre valet qui était en leur maison, il ne pouvait pas aller voir sa femme aussi souvent qu'il l'aurait voulu. Cela fut l'occasion pour elle d'oublier tellement son honneur et sa conscience, qu'elle alla aimer un jeune homme.
10 À la longue, le bruit qu'on en fit fut si grand et si mauvais que le mari en eut connaissance. Celui-ci ne pouvait pas le croire à cause des grands signes d'amitié que lui montrait sa femme. Toutefois, un jour, il pensa constater la chose et se venger, s'il le pouvait, de celle qui lui faisait cette honte. Et, pour ce faire, il

---

1. Défunt mari de... Marguerite de Navarre, c'est-à-dire de l'auteur.

15 feignit[1] de s'en aller en quelque lieu proche pour deux ou trois jours. Et, aussitôt qu'il fut parti, sa femme envoya chercher son amant. Celui-ci ne fut pas une demi-heure avec elle que voici venir le mari, qui frappa bien fort à la porte. Mais elle, qui le reconnut, le dit à son ami, qui fut si abasourdi[2] qu'il aurait
20 voulu être dans le ventre de sa mère, et il la maudissait ainsi que l'amour qui l'avaient mis dans un tel danger. Elle lui dit de ne pas s'inquiéter, et qu'elle trouverait bien le moyen de le faire sortir sans mal ni honte, et qu'il devait s'habiller le plus vite qu'il pourrait. Pendant ce temps-là, le mari frappait à la porte,
25 appelant sa femme le plus fort qu'il pouvait. Mais elle feignait de ne pas le connaître, et disait tout haut à son mari depuis l'intérieur de la maison : « Pourquoi ne vous levez-vous pas, et n'allez-vous pas faire taire ceux qui font du bruit à la porte ? Est-ce maintenant l'heure de venir aux maisons des gens de bien ? Si
30 mon mari était ici, il vous en empêcherait. » Le mari, entendant la voix de sa femme, l'appela le plus fort qu'il put : « Ma femme, ouvrez-moi ! Me ferez-vous demeurer ici jusqu'au jour ? » Et, quand elle vit que son ami était tout prêt de sortir, elle commença à dire à son mari en ouvrant la porte : « Ô mon
35 mari, que je suis bien aise de votre venue ! car je faisais un merveilleux songe, et j'étais si bien que je n'ai jamais reçu un tel contentement, parce qu'il semblait que vous aviez retrouvé la vue de votre œil. » Et, en l'embrassant et en le baisant, elle le

1. Fit semblant.
2. Stupéfait.

prit par la tête, et lui bouchait d'une main son bon œil, en lui
40 demandant : « Ne voyez-vous pas mieux que de coutume ? »
Pendant ce temps-là, alors qu'il ne voit pas, elle fit sortir son
ami dehors, ce dont le mari se douta aussitôt et il lui dit : « Par
dieu, ma femme, je ne ferai jamais le guet pour vous ; car, en
croyant vous tromper, je fus victime de la plus fine tromperie
45 qui fut jamais inventée. Que Dieu veuille vous améliorer ; car
il n'est pas dans la puissance d'un homme au monde de rame-
ner à l'ordre la malice d'une femme, à moins de la tuer. Mais,
puisque le bon traitement que je vous ai fait n'a pas servi à votre
amélioration, peut-être que le mépris que j'aurai dorénavant
50 pour vous, vous châtiera[1]. » Et, en disant cela, il s'en alla et
laissa sa femme bien désolée. Celle-ci, par le moyen de ses amis,
de ses excuses et de ses larmes, retourna de nouveau avec lui.

Marguerite de Navarre, *L'Heptaméron*, 6ᵉ nouvelle,
1548, adapté par Matthieu Gamard.

---

1. Punira.

BIEN LIRE

• L. 13 : Notez la rapidité avec laquelle
le personnage change d'avis (« toutefois,
un jour »).

• L. 18-21 : Peut-on dire que l'amant brille
par son courage ?

JEAN DE LÉRY, *HISTOIRE D'UN VOYAGE FAIT EN LA TERRE DU BRÉSIL*

Texte 28 : Comme des poissons dans l'eau

Jean de Léry est un jeune cordonnier de vingt ans, quand il rejoint le groupe de protestants installés dans la baie de Rio de Janeiro, chargés d'implanter une présence française au Brésil. Les contacts cordiaux avec certains Indiens sont source de surprises...

De leur manière de pêcher

Quant à la façon de pêcher des sauvages, il faut ajouter à ce que j'ai déjà dit, qu'ils prennent les mulets[1] à coups de flèches (il faut comprendre par là qu'ils font de même avec toutes les autres espèces de poissons qu'ils peuvent choisir dans l'eau).
5 Non seulement les hommes et les femmes de l'Amérique savent tous nager pour aller chercher leur gibier et leur pêche au milieu des eaux, comme les chiens barbets[2], mais de plus les petits enfants, dès qu'ils commencent à marcher, se mettant
10 dans les rivières et sur le bord de la mer, grenouillent déjà dedans comme des petits canards. Pour exemple, je raconterai brièvement qu'ainsi, un dimanche matin en nous promenant sur une plate-forme de notre fort, nous vîmes une barque

---

1. Variété de poissons.
2. Sortes d'épagneuls.

d'écorce (faite de la façon que je décrirai ailleurs) se renverser
15 en mer avec plus de trente personnes sauvages, des grands et des
petits qui venaient nous voir. Comme nous étions allés très
rapidement avec un bateau jusqu'à eux en pensant les secourir,
nous les avons trouvés nageant et riant dans l'eau et l'un d'eux
nous dit : « Et où allez-vous ainsi si hâtivement, vous autres
20 *Mairs* ? (ainsi appellent-ils les Français) – Nous venons, dîmes-
nous, pour vous sauver et retirer de l'eau. – En vérité nous vous
en sommes reconnaissants, mais pensez-vous que parce que
nous sommes tombés dans la mer nous risquons de nous
noyer ? En réalité, sans toucher ni aborder terre, nous pourrions
25 ainsi demeurer huit jours dans l'eau, dit-il, et nous aurions plus
peur que quelques grands poissons ne nous traînent au fond
que de couler. » Les autres, qui nageaient tous vraiment aussi
bien que des poissons, avertis par leur compagnon de la cause
de notre venue, s'en moquèrent. Ils se mirent à rire si fort que
30 nous les voyions et entendions souffler et ronfler sur l'eau
comme une troupe de marsouins[1]. Et de fait, bien que nous
fussions encore à plus d'un quart de lieue[2] de notre fort[3], il n'y
en eut que quatre ou cinq qui voulurent se mettre dans notre
bateau, plus encore pour causer avec nous que par peur d'un
35 quelconque danger. J'observai que les autres, quelquefois en
nous devançant, non seulement nageaient aussi droit et aussi
bien qu'ils voulaient, mais se reposaient aussi sur l'eau quand

---

1. Mammifères marins proches du dauphin.
2. À peu près un kilomètre.
3. Situé sur une île.

bon leur semblait. Et quant à leur barque d'écorce, aux quelques lits de coton, aux vivres et autres choses qui étaient
40 dedans et qu'ils nous apportaient, et qui avaient été submergés, ils ne s'en souciaient assurément pas plus que vous ne feriez d'avoir perdu une pomme : « Car, disaient-ils, n'y en a-t-il pas d'autres au pays ? »

Jean de Léry, *Histoire d'un voyage fait en la terre du Brésil,*
chap. XII, 1578, adapté par Matthieu Gamard, éd. Max Chaleil.

BIEN LIRE
• **L. 10 : Remarquez la couleur savoureuse de la langue du XVIᵉ siècle.**
• **Léry présente la vie des Indiens comme une sorte de paradis d'enfance marqué par le rire et l'insouciance. Par quels moyens ?**

Texte 29 : Rites cannibales

Léry est l'un des témoins les plus fidèles des mœurs des Indiens du Brésil. Il vécut plusieurs mois parmi eux après sa rupture avec Villegagnon, le chef de l'expédition resté sur l'île. Il porte sur ses hôtes un regard respectueux, évite les jugements hâtifs et annonce les ethnologues du XXe siècle.

Comment les Américains traitent leurs prisonniers de guerre, et les cérémonies qu'ils observent aussi bien pour les tuer que pour les manger

Il reste maintenant à savoir comment les prisonniers de
5 guerre sont traités au pays de leurs ennemis. Dès leur arrivée, non seulement on les nourrit des meilleures viandes mais on donne aussi des femmes aux hommes (alors qu'on ne donne pas de maris aux femmes). Ainsi, ceux qui ont des prisonniers ne font pas de difficulté pour leur donner leur fille ou leur sœur
10 en mariage [...] ils les gardent plus ou moins longtemps mais, après les avoir engraissés comme des pourceaux, ils finissent néanmoins par les assommer et les manger selon les cérémonies suivantes.

Premièrement, après avoir averti tous les villages environnants
15 du jour de l'exécution, des hommes, des femmes et des enfants étant arrivés de partout, on danse, on boit et *caüine*[1] toute la mati-

---

1. Boire du caouin, boisson fermentée avec la salive.

née. Même celui qui n'ignore pas qu'une telle foule se rassemble pour lui et qu'il doit prochainement être assommé et couvert de plumes, est loin d'être abattu. Au contraire, sautant et buvant, il
20 est des plus joyeux. Or, après s'être livré à la débauche et avoir ainsi chanté pendant six ou sept heures, il est empoigné par les deux ou trois hommes les plus estimés du groupe. Ils le lient par le milieu du corps, avec des cordes de coton ou autres (faites de l'écorce d'un arbre qu'ils appellent *Yvire*, qui est semblable à celle du
25 chanvre chez nous), sans qu'il ne montre aucune résistance, alors même qu'on lui laisse les bras libres. Il est ainsi promené un certain temps comme un trophée à travers tout le village. Mais pensez-vous que les prisonniers baissent la tête pour autant, comme feraient les criminels de chez nous ? Pas du tout. Au contraire, avec
30 une audace et une assurance incroyables, ils se vantent de leurs prouesses passées et disent à ceux qui les tiennent liés : « J'ai moi-même, en homme vaillant que je suis, lié et garrotté ainsi vos parents en premier lieu. » Puis s'exaltant toujours de plus en plus [...] se tournant de côté et d'autre, il dit à l'un d'eux : « J'ai mangé
35 ton père » ; à l'autre : « J'ai assommé et *boucané*[1] tes frères » ; « Bref », ajoutera-t-il : « j'ai tant mangé d'hommes, de femmes et même d'enfants de vous autres les *Toüoupinambaoults*[2], que je n'en saurais dire le nombre. Et, du reste, ne doutez pas que pour venger ma mort les *Margajas*[2] de ma nation, en mangent encore
40 par la suite autant qu'ils en pourront attraper. »

---

1. *Boucaner* signifie « cuire, fumer la viande sur un boucan » (voir dernière ligne du texte).
2. Peuples indiens.

Finalement, après avoir été exposé ainsi à la vue de tout un chacun, les deux sauvages qui le tiennent lié, s'éloignent de lui d'environ trois brasses, l'un par la droite, l'autre par la gauche, en tenant cependant bien les bouts de la corde. [...] Ils tirent
45 alors si fermement que le prisonnier, saisi comme je l'ai dit, par le milieu du corps, est arrêté sur place et ne peut aller ni venir, d'un côté ni de l'autre. Là-dessus on lui apporte des pierres et des tessons[1] de pots cassés, ou les deux ensemble. Puis les deux qui tiennent les cordes, de peur d'être blessés, se couvrent cha-
50 cun d'une de ces rondelles faites de la peau du *Tapiroussou*[2] dont j'ai parlé ailleurs, et lui disent : « Venge-toi avant que de mourir ». [...] Un jour que j'étais en un village nommé *Sarigoy*, je vis un prisonnier qui de cette façon donna un si grand coup de pierre contre la jambe d'une femme que je pensais qu'il la lui
55 avait rompue. [...]

Celui qui est là tout prêt pour faire ce massacre, levant alors sa massue de bois avec les deux mains, frappe de la partie ronde qui est au bout avec une telle force sur la tête du pauvre pri-sonnier que, de la même façon que les bouchers assomment les
60 bœufs chez nous, j'en ai vu qui tombaient tout raides dès le pre-mier coup, sans remuer après ni bras, ni jambe. Il est vrai qu'étant étendus par terre, on les voit un peu fourmiller et trembler à cause des nerfs et du sang qui se retire. Mais quoi qu'il en soit, ceux qui font l'exécution frappent ordinairement

---

1. Morceaux.
2. Tapir (mammifère américain).

65 si droit sur le sommet du crâne, et savent même si bien choisir derrière l'oreille, qu'ils ne s'y reprennent pas à deux fois pour leur ôter la vie, et ce sans étalage de sang.

Or, si le prisonnier avait une femme (comme j'ai dit qu'on en donne à quelques-uns), sitôt qu'il est ainsi assommé, elle se
70 met auprès du corps, et montre un peu de chagrin. Je dis bien un peu de chagrin car elle agit vraiment comme on dit que fait le crocodile qui, après avoir tué un homme, le pleure avant de le manger. De la même façon, cette femme après avoir exprimé ses regrets et jeté quelques fausses larmes sur son mari mort,
75 sera la première à en manger si elle le peut. Ensuite, les autres femmes, et principalement les vieilles (qui, plus avides de chair humaine, sollicitent[1] sans cesse l'exécution rapide des prisonniers), se présentent avec de l'eau chaude déjà prête. Elles frottent et ébouillantent le corps mort de sorte qu'une fois la pre-
80 mière peau enlevée, elles le rendent aussi blanc que les cuisiniers d'ici sauraient le faire pour un cochon de lait prêt à rôtir.

Après cela, celui dont il était prisonnier, accompagné d'autant d'hommes qu'il lui plaira, prend ce pauvre corps, le fend et le met si soudainement en pièces qu'il n'y a pas de boucher
85 d'ici qui puisse démembrer plus vite un mouton. Mais outre cela (ô cruauté plus que prodigieuse) de la même façon que les chasseurs de chez nous, après qu'ils ont pris un cerf, en jettent les restes aux chiens, ces barbares, afin d'exciter et de rendre acharnés leurs enfants le plus possible, les prennent l'un après

---

1. Demandent.

90 l'autre, leur frottent le corps, les bras, les cuisses et les jambes du sang de leurs ennemis. Au reste, depuis que les Chrétiens ont fréquenté ce pays-là, les sauvages découpent et taillent aussi bien les corps de leurs prisonniers que ceux des animaux et d'autres chairs avec les couteaux et instruments de fer qu'on

95 leur cède. Mais avant cela, comme je l'ai entendu de la bouche des vieillards, ils n'avaient pas d'autre moyen pour le faire, que des pierres tranchantes qu'ils préparaient pour cet usage.

Alors toutes les parties du corps et même les tripes, après avoir été bien nettoyées, sont mises aussitôt sur les *Boucans*, auprès

100 desquels, pendant que tout cuit ainsi à leur façon, se placent les vieilles femmes (qui, comme je l'ai dit, sont extrêmement friandes de chair humaine). Toutes assemblées pour recueillir la graisse qui dégoutte le long des bâtons de ces grandes et hautes grilles de bois, elles exhortent les hommes pour qu'ils fassent en

105 sorte qu'elles aient toujours des viandes de cette sorte. Et, en se léchant les doigts, elles disent : *Yguatou*, c'est-à-dire : « Il est bon ». Voilà donc, comment j'ai vu les sauvages américains faire cuire la chair de leurs prisonniers de guerre, ce qu'ils appellent *Boucaner*, façon de rôtir qui nous est inconnue.

Jean de Léry, *Histoire d'un voyage fait en la terre du Brésil*, chap. XV, 1578, adapté par Matthieu Gamard, éd. Max Chaleil.

BIEN LIRE

• **L. 61-63 :** Notez que Jean de Léry ne recule pas devant un certain réalisme.

• **L. 70-73 :** Quelle expression garde trace de cette légende ?

• **L. 102-105 :** Remarquez que les vieilles Indiennes sont assimilées à des sorcières diaboliques assoiffées de sang.

Texte 30 : Barbarie de l'Ancien Monde

Léry, devenu pasteur protestant, écrit vingt ans après son retour
en Europe. Entre-temps, les guerres de religion, avec leur lot d'atro-
cités, l'amènent à repenser la notion de barbarie. Léry s'éteint un
quart de siècle plus tard à Genève, patrie de Calvin.

Je pourrais encore donner quelques autres exemples semblables de la cruauté des sauvages envers leurs ennemis, si ce
n'est qu'il me semble que ce que j'en ai dit suffit pour faire horreur et dresser les cheveux sur la tête de tout un chacun.
5 Néanmoins, afin que ceux qui liront ces choses si horribles qui
sont exercées quotidiennement chez ces nations barbares de la
terre du Brésil pensent aussi d'un peu près à ce qui se fait chez
nous, je dirai plusieurs choses. [...] Si on veut en venir à l'action brutale de mâcher et manger la chair humaine, ne s'en est-
10 il point trouvé dans nos régions, voire même entre ceux qui
portent le titre de Chrétien, tant en Italie qu'ailleurs, qui ne se
sont pas contentés d'avoir fait cruellement mourir leurs ennemis, mais n'ont pu rassasier leur courage qu'en mangeant de
leur foie et de leur cœur ? [...] Et sans aller plus loin, qu'en est-
15 il en France ? Je suis français et cela me fâche de le dire mais
durant la sanglante tragédie, dont je n'accuse point ceux qui
n'en sont pas responsables et qui commença à Paris le 24 août
1572[1], entre autres actes horribles à raconter qui se perpétrè-

---

1. La Saint-Barthélemy : massacre des protestants par les catholiques.

rent alors dans tout le royaume, est-ce qu'on ne vendit pas
20 publiquement au plus offrant et dernier enchérisseur[1] la graisse
des corps humains qui furent massacrés dans Lyon, après avoir
été retirés de la rivière de Saône, d'une façon plus barbare et
cruelle que celle des sauvages ? Le foie, le cœur et les autres parties des corps de certains ne furent-ils pas mangés par les meur-
25 triers furieux que les enfers ont en horreur ? Ainsi, après qu'un
nommé Cœur de Roi, appartenant à la Religion réformée, fut
misérablement massacré, dans la ville d'Auxerre, ceux qui com-
mirent ce meurtre ne découpèrent-ils pas son cœur en pièces et
ne l'exposèrent-ils pas en vente à ses ennemis, et finalement
30 l'ayant fait griller sur des charbons, n'assouvirent-ils pas leur
rage comme des chiens féroces en en mangeant ? [...] Après
cela qu'on n'abhorre plus autant la cruauté des sauvages anthro-
pophages, c'est-à-dire « mangeurs d'hommes ». Car il y en a de
pareils, d'aussi détestables, et même de pires au milieu de nous.
35 Eux comme il a été vu ne se ruent que sur les nations qui leur
sont ennemies, alors que ceux-ci se sont plongés dans le sang de
leurs parents, voisins et compatriotes. Il ne faut pas aller si loin
qu'en leur pays, ni qu'en l'Amérique, pour voir des choses si
impensables et si monstrueuses.

Jean de Léry, *Histoire d'un voyage fait en la terre du Brésil*,
chap. XV, 1578, adapté par Matthieu Gamard, éd. Max Chaleil.

---

1. Acheteur.

BIEN LIRE

• **L. 3-4 :** En réalité, Léry fera de ce chapitre,
dans les éditions suivantes, un véritable panorama
de la barbarie humaine à travers les âges.

• **L. 24-30 :** Notez ici le sous-entendu de l'auteur
qui suggère que, par un raffinement de cruauté et de
sadisme, on a choisi la victime en fonction de son nom...

DU BELLAY, *LES REGRETS*

Texte 31 : « Heureux qui, comme Ulysse… »

Issu d'une grande famille, Du Bellay suit son oncle, cardinal à Rome. Il vit ce séjour comme un véritable exil et entreprend un recueil de sonnets : Les Regrets. Atteint de surdité précoce et victime d'une santé fragile, le poète meurt à trente-huit ans. La pièce suivante évoque la nostalgie du poète, éloigné de sa patrie.

Heureux qui, comme Ulysse, a fait un beau voyage,
Ou comme cestuy-là[1] qui conquit la toison,
Et puis est retourné, plein d'usage et raison,
Vivre entre ses parents le reste de son âge[2] !

5 Quand reverrai-je, hélas, de mon petit village
Fumer la cheminée, et en quelle saison,
Reverrai-je le clos[3] de ma pauvre maison,
Qui m'est une province[4] et beaucoup davantage ?

Plus me plaît le séjour qu'ont bâti mes aïeux,
10 Que des palais romains le front audacieux,
Plus que le marbre dur me plaît l'ardoise fine ;

---

1. Celui-là.
2. Vie.
3. Jardin.
4. Royaume.

Plus mon Loire gaulois, que le Tibre[1] latin,
Plus mon petit Liré[2], que le mont Palatin[3],
Et plus que l'air marin la douceur angevine[4].

Joachim Du Bellay, *Les Regrets*, sonnet XXXI, 1558,
(orthographe modernisée), © Droz, Genève, 1979.

---

1. Fleuve de Rome.
2. Village natal de Du Bellay.
3. Colline de Rome.
4. De l'Anjou.

BIEN LIRE

• **V. 5-8 :** Notez que l'interrogation de ce quatrain exprime un regret.

• **V. 14 :** En quoi la mélodie de la fin du vers est-elle particulièrement en accord avec son sens ?

RONSARD, *ODES*

Texte 32 : « Mignonne, allons voir si la rose... »

Ronsard passe son enfance au milieu de la nature, dont il est un des grands poètes. Il renonce à la carrière militaire à cause d'une surdité précoce. Il se consacre alors à la poésie. C'est l'un des membres du groupe de poètes de la Pléiade, avec Du Bellay. Il connaît la gloire de son vivant, notamment par ses poèmes amoureux, dont cette « Ode à Cassandre », célèbre depuis cinq siècles, porte témoignage.

Mignonne : allons voir si la rose
Qui ce matin avait déclose[1]
Sa robe de pourpre au soleil,
À point perdu cette vesprée[2]
5   Les plis de sa robe pourprée,
Et son teint au vôtre pareil.

Las ! voyez comme en peu d'espace[3],
Mignonne, elle a dessus la place,
Las ! las ! ses beautés laissé choir[4] !
10   Ô vraiment marâtre[5] Nature

---

1. Ouverte.
2. Soirée.
3. Ici, temps.
4. Tomber.
5. Mauvaise mère.

Puisqu'une telle fleur ne dure
Que du matin jusques au soir !

Donc, si vous me croyez, mignonne,
Tandis que votre âge fleuronne
15 En sa plus verte[1] nouveauté,
Cueillez, cueillez votre jeunesse :
Comme à cette fleur la vieillesse,
Fera ternir votre beauté.

Ronsard, *Quatre Premiers Livres des Odes*, « Ode à Cassandre »,1550,
(orthographe modernisée), © Klincksieck.

1. Jeune.

BIEN LIRE

• **V. 1 : Notez combien l'attaque du vers est à la fois pleine de familiarité et de délicatesse.**
• **V. 7-12 : Quel sentiment est exprimé dans cette strophe ?**
• **Comparez avec la reprise de Queneau p. 164-166.**

LOUISE LABÉ, *SONNETS*

Texte 33 : « Je vis, je meurs ; je me brûle et me noie »

Louise Labé est une femme exceptionnelle. Cette riche bourgeoise de Lyon connaît le latin, les langues modernes, l'équitation et l'escrime : toutes choses étrangères aux femmes de l'époque. On lui prête une vie amoureuse tumultueuse, peut-être à cause de son œuvre poétique qui fait une grand place à la passion amoureuse.

Je vis, je meurs ; je me brûle et me noie.
J'ai chaud extrême en endurant froidure ;
La vie m'est et trop molle et trop dure.
J'ai grands ennuis[1] entremêlés de joie.

5   Tout à un coup je ris et je larmoie,
Et en plaisir maint[2] grief[3] tourment j'endure ;
Mon bien s'en va, et à jamais il dure ;
Tout en un coup, je sèche et je verdoie.

Ainsi Amour inconstamment me mène.
10 Et quand je pense avoir plus de douleur,
Sans y penser je me trouve hors de peine.

---

1. Tourments.
2. Nombreux.
3. Pénible.

Puis quand je crois ma joie être certaine,
Et être au haut de mon désiré heur[1],
Il me remet en mon premier malheur.

Louise Labé, *Sonnets*, VII, 1555, (orthographe modernisée),
in Poètes du XVIᵉ siècle, « Bibliothèque de la Pléiade »,
© Éditions Gallimard, Paris, 1969.

1. Bonheur.

BIEN LIRE

• V. 2 : Notez que le gérondif insiste sur la simultanéité des deux impressions.
• V. 8 : Quelle opposition initiale (v. 1), l'image de la végétation qui manque d'eau ou reverdit reprend-elle ?

Après-texte

N.B. : Une laisse est une strophe dans les chansons de geste.

Lire

Texte 1

1 Le son du cor semble changer jusqu'au paysage. Quelles en sont les caractéristiques ? Pourquoi peut-on parler de paysage symbolique ?

2 Qu'appelle-t-on une « amplification » en littérature ? Y en a-t-il beaucoup dans cet extrait ? Est-ce normal dans une chanson de geste ?

3 Relevez les marques de la présence du narrateur. Qu'est-ce que cela montre sur les conditions dans lesquelles le texte était transmis à l'époque ?

4 Repérez le champ lexical de l'ouïe. Pourquoi Roland sonne-t-il du cor (p. 9, laisse 133) ?

5 P. 9-10, laisses 133-134 : Que pense Ganelon de Roland ? Justifiez votre réponse à l'aide de citations du texte.

6 Relevez les éléments réalistes au début des laisses 134 et 135 (p. 9-11).

7 P. 11-12, laisse 136 : Montrez que le poétique se mêle ici à l'épique (voir « À savoir » ci-contre).

8 Qu'est-ce qui permettait de deviner, dans les laisses précédentes, que Ganelon avait trahi Roland (p. 11-12, laisse 136) ?

9 P. 12, l. 62-63 : Commentez le style de cette première phrase.

10 Montrez que certains éléments de la laisse 137 (p. 12) ont déjà été évoqués dans les laisses précédentes et seront encore évoqués dans les laisses suivantes.

11 Laisse 135 (p. 10-11) et laisses 137-138 (p. 12-13) : Relevez les phrases qui montrent que le narrateur en sait plus que le personnage et qu'il n'y a donc pas de suspense pour le lecteur.

Texte 2

12 Énumérez les différentes étapes du combat.

13 Pourquoi peut-on parler de coup de théâtre (p. 16, laisse 286) ?

14 P. 14, laisse 281 : Relevez une hyperbole (exagération). Quel est l'effet produit ?

15 P. 14, laisse 281 : Relevez les adjectifs qualificatifs et les adverbes. Quel rôle jouent-ils dans le récit ?

16 P. 14-15, laisses 282-283 : Montrez que ces deux laisses sont symétriques et relevez les arguments utilisés par chacun des deux combattants pour inciter l'autre à cesser le combat.

17 P. 16, laisse 286 : Relevez les notations de couleur, explicites ou implicites. Quel effet cela permet-il de créer ?

18 Dans un tableau à double entrée, relevez les éléments qui mettent en valeur la bravoure de chacun des deux combattants.

19 Relevez les éléments de la laisse 287 qui contrastent avec les laisses précédentes.

Écrire

Texte 1

20 Écrivez les propos que l'empereur aurait pu tenir à Ganelon une fois la trahison découverte. Vous ferez référence aux discours de Ganelon (p. 9, l. 6-7 et p. 10, l. 14-26).

21 Imaginez la scène de combat entre Roland et les Sarrasins. Veillez à introduire des commentaires du narrateur. Racontez la mort héroïque de Roland, en insérant des commentaires affligés du narrateur.

Texte 2

22 Décrivez la mort de Roland en utilisant le style épique (voir « À savoir » ci-dessous).

23 Écrivez une autre scène de duel judiciaire en respectant les étapes du combat (voir « À savoir » ci-dessous). Utilisez le présent de narration et des adjectifs précis.

Chercher

24 Qu'est-ce qu'une ordalie ? Qu'appelait-on au Moyen Âge « le jugement de Dieu » ?

25 Cherchez la représentation d'un chevalier et repérez chaque élément d'équipement décrit dans la sonnerie du cor (p. 11, l. 36-39).

26 Après avoir rédigé la mort de Roland (voir question 21), lisez le texte original qui la rapporte (laisses 171-176).

POUR COMPRENDRE

À SAVOIR

L'ÉPOPÉE ET LA CHANSON DE GESTE

L'*épopée* est un long poème célébrant les exploits d'un héros et reposant sur l'amplification (ou exagération). Les personnages représentent tout un peuple et sont symboliques.

La *chanson de geste* (*gesta* en latin signifie « grandes actions, exploits ») est l'épopée française par excellence. Composée de strophes de longueur inégale, appelées « laisses », elle utilise le décasyllabe pour évoquer des faits légendaires situés à l'époque de Charlemagne (VIIIe siècle). Elle était chantée par un jongleur accompagné de musique.

Lire

1 Textes 3, 4 et 6 : Comparez les passages où la nourriture est évoquée dans chacun de ces textes.

2 Textes 3, 4 et 7 : Relevez les règles de l'hospitalité. Ont-elle changé ?

3 Textes 3 et 4 : Pourquoi la place du dialogue, si importante dans le texte 3, est-elle inexistante dans le texte 4 ?

Texte 3

4 Quelles explications les chevaliers donnent-ils à la disparition d'Yvain ?

5 Qui parle à qui (p. 18-19, l. 1-22) ? Relevez tous les indices qui montrent que le personnage qui parle est une femme.

6 Pourquoi Lunete aide-t-elle Yvain ?

7 P. 21, l. 66-78 et p. 21-24, l. 88-137 : Relevez les points communs entre ces deux passages.

Texte 4

8 Montrez que la sauvagerie, la folie et le retour à la nature vont ensemble pour Chrétien de Troyes.

9 Par quelle métaphore la folie est-elle exprimée dans le début du texte ?

10 Relevez les signes de la folie d'Yvain (p. 25-29).

11 Relevez une intervention du narrateur (p. 27). Quel rôle joue-t-elle ?

12 Relevez comment Yvain et l'ermite sont nommés dans le texte (p. 25-29). Commentez.

13 L'ermite est nommé plusieurs fois de la même façon : comment s'appelle cette figure de style ?

Texte 5

14 P. 30-31, l. 14-16 et l. 17-19 : Le présent a-t-il la même valeur dans ces passages ? Commentez.

15 Pourquoi Yvain choisit-il de défendre le lion ?

16 P. 32, l. 51-53 : Quel rôle jouent ces lignes dans le récit ?

17 Montrez que le lion devient le vassal d'Yvain.

18 Relevez les verbes de perception et les pensées des personnages. Quel est le point de vue utilisé ?

Texte 6

19 Quelle image de l'homme Perceval donne-t-il ?

20 Qu'est-ce qui prouve que Perceval n'est pas conscient de sa grossièreté ?

21 Notez toutes les références que le jeune homme fait à sa mère. Quel effet cela produit-il ?

22 Montrez que le jeune homme se comporte de la même façon avec la jeune femme qu'avec la nourriture en citant les éléments du texte (p. 35-37).

POUR COMPRENDRE

23 P. 36, l. 49-51 : Quel est le but de Perceval dans ces lignes ? Sera-t-il atteint selon vous ?

Texte 7

24 Sachant que l'épisode se passe à l'Ascension (au printemps), quel est l'élément merveilleux du texte ?

25 Qu'est-ce qui plonge Perceval dans l'extase amoureuse (p. 39-40) ?

26 P. 40-41, l. 33-45 : De quelle figure de style pourrait-on rapprocher le travail de l'imagination de Perceval qui associe son amie au spectacle qu'il a sous les yeux ? Relevez les mots caractéristiques de cette figure de style dans le texte.

27 P. 41, l. 50-51 : Que montre cette notation temporelle ?

28 Quels éléments prouvent la grande courtoisie de Gauvain (p. 45-47) ? Opposez ce passage à la rencontre avec Sagremor.

29 Montrez que Perceval a évolué depuis le texte 6. Citez les lignes les plus explicites à ce sujet (p. 46).

Écrire

30 Textes 4 ou 6 : Écrivez la suite.

31 Texte 5 : Inventez une scène de combat où, cette fois, c'est le lion qui sauve Yvain.

32 Texte 5 : Récrivez cet épisode du point de vue du lion en respectant ce qu'il peut savoir.

Chercher

33 Textes 4 et 6 : Après avoir traité la question 30, lisez la suite du texte.

34 Cherchez des fables de La Fontaine avec un lion.

35 Cherchez l'étymologie et les sens du mot *roman*.

POUR COMPRENDRE

Lire

1 Relevez les marques de l'oralité dans les textes. Qu'est-ce que cela apporte au récit ?

Texte 8

2 P. 48-49 : Relevez les mentions de « Seigneurs » dans l'extrait. Repérez les deux situations d'énonciation.

3 P. 48, l. 1-3 : Quel rôle jouent ces lignes ? Quelle utilisation de la chronologie le narrateur fait-il ?

4 Relevez les arguments utilisés par Tristan (p. 48-49, l. 13-19).

5 Repérez une indication indirecte de la région où se passe l'action.

6 Relevez l'expression d'une pensée de Tristan (p. 49, l. 22-29).

7 Quel passage montre le mieux la force de l'amour de Tristan ?

8 Relevez les phrases où le rôle de Dieu est mis en avant.

Texte 9

9 P. 51, l. 5-6, et p. 54, l. 72-74 : Quel effet produisent ces modifications de la chronologie du récit ?

10 Relevez les éléments qui peuvent laisser penser que Tristan et Yseut ne sont pas amants (p. 51-52, l. 1-20). Comment ces éléments seront-ils interprétés par le roi Marc (p. 56) ?

11 P. 52, l. 21-22 : Pourquoi peut-on dire que le narrateur souligne le suspense en même temps qu'il le réduit ?

12 P. 52, l 21-35 : Quelles sont les motivations du forestier pour fuir ? et pour trahir les amants ?

13 Quels effets provoque chez le roi la narration du forestier ?

14 P. 53, l. 60-63 : Comment le forestier s'y prend-il pour allumer la colère du roi ? Comment interprétez-vous l'emploi du « nous » à la ligne 61 ?

15 Pourquoi, d'après vous, le roi veut-il partir seul ?

16 « ... puis s'apaise soudainement » (p. 56, l. 117-118) : Quel effet crée cette phrase ? Quand sera-t-elle expliquée au lecteur ?

17 P. 56-57, l. 137-154 : Relevez les signes que le roi laisse aux amants. En quoi sont-ils symboliques ?

18 Relevez des adverbes qui montrent que le roi Marc aime sa femme (p. 57).

19 Selon vous, pourquoi le roi ment-il (p. 57) ?

20 Comment pourrait-on interpréter le cauchemar d'Yseut (p. 57, l. 161-164) ?

21 P. 58, l. 167-173 : Quel pronom retrouve-t-on dans ce paragraphe ?

22 Comment Tristan et Yseut interprètent-ils les signes laissés par le roi Marc (p. 58) ?

23 Relevez dans le texte ce qui montre que le narrateur prend le parti des amants.

Écrire

Texte 8

24 Après avoir traité la question 29, rédigez la description de ce monument.

25 Racontez la scène d'évasion d'Yseut. Vous insérerez au moins une pensée du personnage puis exprimerez ses sentiments pour Tristan.

Texte 9

26 Rédigez le portrait d'un forestier en lui donnant l'air d'un traître.

Chercher

27 Texte 4 : Dites quelle image de la forêt est donnée dans les œuvres médiévales. Est-ce la même aujourd'hui ?

28 Cherchez l'étymologie précise des mots *chapelle* et *ban*.

29 Texte 8 (p. 48, l. 4-11) : Cherchez l'illustration d'un monument religieux médiéval de votre région.

30 Cherchez dans le roman la scène d'évasion d'Yseut écrite par Béroul.

À SAVOIR

LE MYTHE DE TRISTAN ET YSEUT

Depuis le Moyen Âge, Tristan et Yseut représentent l'amour fatal. Le couple mythique qui a marqué l'image de l'amour en Occident est associé à l'amour-passion qui renverse les obstacles, transgresse les interdits et est incompatible avec le mariage. Cette légende a donné naissance à l'un des mythes européens les plus féconds. Au XIIᵉ siècle, plusieurs auteurs courtois l'illustrent : Marie de France et le *Lai du chèvrefeuille* et surtout deux versions dont nous ne connaissons que des fragments, celle de Béroul (à laquelle sont empruntés nos extraits) et celle de Thomas d'Angleterre, rédigées en octosyllabes, dans lesquelles vont puiser tous les continuateurs. Chrétien de Troyes s'oppose à cette image et propose un idéal d'amour conjugal dans *Cligès* ou *Yvain*. On peut citer, parmi les illustrations du mythe, l'opéra de Wagner ou le film de Jean Cocteau *L'Éternel Retour* (1941).

Lire

1 Relevez quels ruses ou quiproquos sont à l'origine du comique dans chaque fabliau.

2 Quel(s) est (sont) le(s) personnage(s) naïf(s) dans chacun des quatre textes ?

3 Caractérisez par un seul adjectif les personnages de ces récits. Serait-il possible de le faire avec les personnages de Chrétien de Troyes ? Pourquoi ?

Texte 11

4 Sur quelle fonction du récit insiste le narrateur (p. 62, l. 1-2) ? Est-ce la seule à votre avis ?

5 P. 62, l. 3-8 et p. 63 : Retrouvez le schéma narratif de chacune de ces histoires et comparez-les.

6 Quel temps est utilisé pour le récit ? Quelle est sa valeur ?

Texte 12

7 Qu'est-ce qui est important dans le récit, d'après le titre ? Quel est le personnage principal d'après la première phrase ? et selon vous, après lecture du conte ?

8 Repérez les marques de la gourmandise de la femme (p. 64-65).

9 P. 67, l. 81-83 : De quoi le narrateur fait-il preuve ici ?

Texte 13

10 Montrez que le narrateur insiste sur la tranquillité de la première scène (p. 68).

11 « Il ne faut pas laisser perdre les dons de Dieu » (p. 68, l. 14-15) : Quel est l'effet de cette phrase dans le contexte ?

12 P. 69, l. 26-30 : Quel procédé est utilisé pour mettre en valeur la rapidité de cette scène ?

13 : « Les mûres m'ont induit en tentation » (p. 69, l. 42) : Commentez cette phrase. Quel effet produit-elle ?

Texte 14

14 Quel effet le narrateur cherche-t-il à produire sur le lecteur (p. 71, l. 1-9) ?

15 P. 71, l. 10-12 : Quel effet créent ces lignes par rapport au paragraphe précédent ?

16 Quel changement se produit dans la narration à partir de la ligne 20 (p. 72) ?

Texte 27

17 Que pensez-vous du titre (l. 1-2) ?

18 Quelle opposition porte en germe les problèmes du couple (l. 3-8) ? À quoi servent ces premières lignes ?

19 Le mari est-il dupe ? Pourquoi peut-on dire que les deux personnages principaux sont rusés ? Est-ce le cas dans les fabliaux ?

20 P. 123, l. 34-38 : Sur quel sentiment insiste la femme ? Quelle pourrait en être l'autre cause ?

21 P. 123-124, l. 38-40 : À quelle expression de la page 122 ces lignes font-elles écho ?

22 Que pensez-vous de la fin de la nouvelle ?

23 Comparez le niveau de langue des personnages dans les fabliaux et la nouvelle.

Écrire

24 Relevez, expliquez et comparez les morales des différents fabliaux.

25 Écrivez une autre morale pour chacun des fabliaux.

26 Transformez un de ces fabliaux (ou la nouvelle de Marguerite de Navarre) en courte pièce de théâtre, en gardant les dialogues existants.

27 Texte 11 : Après avoir traité la question 29, écrivez un fabliau, se passant au Moyen Âge, qui utilise un quiproquo de langage (sens propre et figuré), une formule d'introduction, un héros naïf, des dialogues et une formule de clôture (morale).

28 Texte 27 : Inventez une morale pour ce texte.

Chercher

29 Texte 11 : Cherchez d'autres expressions qui jouent sur le sens propre et figuré.

30 Quel sens ont les expressions suivantes qui utilisent des mots d'ancien français : « les deniers de l'État », « sans coup férir », « bayer aux corneilles », « battre sa coulpe » ?

31 Donnez le sens médiéval et actuel de : *courtois, prud'homme, bachelier, navré, chef* et *entendre*.

POUR COMPRENDRE

À SAVOIR

LE FABLIAU ET LA NOUVELLE

Le mot *fabliau* vient du mot *fable*. C'est un court récit en vers octosyllabiques qui raconte l'histoire d'une ruse. Cependant, ceux dont on se moque le méritent. Il illustre une morale tirée de l'expérience, les dialogues y ont une grande importance et les personnages sont souvent caricaturaux.

La *nouvelle* remplace, à la fin du Moyen Âge, le fabliau. Elle vient d'Italie avec *Le Décaméron* de Boccace (1350) et voit le jour en France avec *L'Heptaméron* de Marguerite de Navarre (1540). C'est un genre assez difficile à définir, mais on peut retenir cependant quelques critères : c'est un récit bref par rapport au roman, la nouvelle a un sujet restreint, le récit doit être rapide et resserré, et elle comporte généralement peu de personnages.

POUR COMPRENDRE

Lire

1 Comparez les amorces et les appels au lecteur dans ces deux extraits.

Texte 15

2 Relevez les éléments utilisés pour entretenir le suspense (p. 75-76).

3 Relevez les différences entre les animaux qu'Adam, d'une part, et Ève, d'autre part, ont fait surgir de la mer.

4 P. 77-78, l. 55-63 et l. 64-71 : Quels champs lexicaux sont associés à Renart et Isengrin ?

Texte 16

5 Pourquoi Renart sort-il ?

6 Repérez les paragraphes où le narrateur sollicite le lecteur (p. 80). Par quels moyens ?

7 Relevez trois propositions relatives qui caractérisent Renart (p. 80-81).

8 P. 81, l. 47 : Expliquez l'expression.

9 Dans quelles lignes les deux marchands tirent-ils la leçon de leur inconséquence (p. 82) ?

10 Relevez tous les indices qui humanisent Renart.

Écrire

11 À travers les extraits de ce recueil, dites quelle est la place de la nourriture dans la littérature du Moyen Âge. Comment l'expliquez-vous ?

12 Imaginez le récit que Renart fait de sa ruse à sa famille.

Chercher

13 Quel est le type de vers souvent utilisé dans les récits médiévaux ? Quels textes du recueil l'utilisent ?

14 Cherchez quelques exemples d'antonomase (voir « À savoir » ci-dessous).

À SAVOIR

L'ANTONOMASE

L'_antonomase_ **est un procédé par lequel un nom propre devient un nom commun ou inversement. Ainsi, au Moyen Âge, avant le succès du** _Roman de Renart_**, l'animal s'appelait-il « goupil ». En voici d'autres exemples : un « hercule » pour une personne d'une grande force (le nom devenu commun ne prend plus de majuscule) ; « tartuffe » pour un hypocrite ; « frigidaire » pour réfrigérateur.**

Lire

1 Relevez les différentes formes de comique dans les deux scènes.

Texte 17

2 Quels effets comiques l'auteur tire-t-il des apartés ?

3 Quels sentiments Pathelin veut-il éveiller en affirmant qu'il est pauvre ? en rappelant les liens de leurs parents respectifs ?

4 Quel est le registre de langue utilisé dans cet extrait ?

5 Montrez que Pathelin se contredit facilement (p. 84-85).

6 Relevez et commentez les arguments de Pathelin (p. 85-86).

Texte 18

7 P. 88, l. 12-14 : Expliquez pourquoi on peut ici parler de paradoxe.

8 Qu'est-ce que la présence de la mère apporte à la scène ?

9 P. 90, l. 58-59 : Contre quoi Jacquinot se rebelle-t-il en fait ?

10 Relevez les ordres donnés à Jacquinot et distinguez les moyens utilisés pour les exprimer.

Écrire

11 Écrivez la scène dans laquelle le drapier se rend chez Pathelin pour chercher son dû.

12 Rédigez la lettre d'un metteur en scène qui donne ses instructions aux comédiens et au décorateur pour jouer la pièce.

Chercher

13 Pourquoi de nombreux jurons anciens contiennent-ils l'élément *bleu* (p. 86, l. 51 : « par le sang bleu » ; p. 90, l. 45 : « corbleu » ; « palsambleu », « morbleu » ; etc.) ?

14 Texte 18 : Lisez *La Farce du cuvier* en entier et commentez l'évolution de Jacquinot.

À SAVOIR

LA FARCE

Le mot *farce* vient du latin *farcire* (« remplir, farcir ») car c'était un intermède placé au milieu des mystères (théâtre religieux). C'est une courte pièce en octosyllabes, caractérisée par un comique bas et grossier (coups de bâton, quiproquos, jeux de mots grossiers, scatologie, etc.). Les situations quotidiennes mettent en scène des personnages stéréotypés (ou types) : le mari trompé, la femme infidèle et rusée, le valet stupide, le marchand voleur, etc. Molière a été très influencé par la farce.

RABELAIS

Lire

1 Que pensez-vous des titres des chapitres des œuvres d'alors ? Gâchent-ils le plaisir de la découverte ou invitent-ils à la lecture ?

Texte 22

2 Comment Rabelais arrive-t-il à faire rire sur un sujet si grave ?

3 P. 102, l. 13-34 : Quels sont les différents interlocuteurs de Gargantua ?

4 Relevez les éléments qui incitent Gargantua à pleurer et ceux qui l'incitent à rire (p. 101-102).

5 P. 102, l. 25-26 : Relevez les comparaisons animalières du texte.

6 Quels arguments Gargantua utilise-t-il pour justifier la fin de son deuil (p. 103) ? Commentez.

7 P. 103-104, l. 55-62 : Commentez l'épitaphe.

Texte 23

8 Montrez comment Rabelais rend compte du gigantisme de Pantagruel (p. 105, l. 1-8).

9 P. 106, l. 30-33 et p. 107, l. 45-47 : Quel rôle jouent ces phrases ?

10 P. 107, l. 44 : Écrivez en chiffres combien de personnes sont mortes.

11 P. 108-109, l. 76-94 : Quel genre d'informations intéresse Gargantua ? Quel effet cela crée-t-il ?

12 Retracez l'itinéraire du narrateur dans la bouche du géant et repérez les comparaisons et métaphores qu'il utilise pour désigner les différents endroits traversés.

Texte 24

13 Montrez que Rabelais fait ici une parodie des chansons de geste ou des romans de chevalerie.

14 « étonnant » (p. 110, l. 8) : Remplacez par un adjectif qualificatif.

15 Commentez la réaction des moines (p. 111, l. 20-24).

16 Comment l'auteur valorise-t-il Frère Jean (p. 111, l. 25-30) ?

17 Sont-ce de nobles motifs qui poussent Frère Jean à agir (p. 112, l. 40-44) ?

Texte 25

18 P. 114, l. 2-3 : Est-ce l'habitude au XVIe siècle ?

19 P. 114-115, l. 15-17 : Commentez cette maxime.

20 P. 115-116, l. 36-42 : Que pensez-vous de cette vision du mariage ? Comparez à celle des textes 18 et 27.

21 Relevez les passages qui insistent sur le fait que les gens de cette abbaye font partie d'une élite.

Texte 26

22 Dans la première partie du texte, étudiez les marques de l'oralité.

POUR COMPRENDRE

23 P. 117-118, l. 12 et 23 : Comment interprétez-vous les « Patience » de Panurge ? Comment seraient-ils rendus au théâtre ?

24 Comment jugez-vous la vengeance de Panurge ?

Écrire

25 Texte 22 : Rédigez le faire-part de naissance de Pantagruel en respectant le ton du texte.

26 Texte 23 : À votre tour d'imaginer un récit de voyage atypique et ironique.

27 Texte 24 : Racontez la bataille des moines contre les pillards au présent de narration.

28 P. 120-121, l. 69-83 : Transformez ce passage au discours direct en respectant les indications du texte.

Chercher

29 « nouveau monde » (p. 106, l. 17) : Quel sens donne un homme du XVIe siècle à ces mots ?

30 P. 120, l. 63-64 : Lisez le chapitre IX de l'*Odyssée* et comparez-le avec cet extrait.

31 P. 121, l. 81-83 : Lisez Jonas et la baleine dans la Bible (Livre de Jonas).

32 Cherchez des histoires de géant dans la littérature (Swift, Voltaire, etc.).

33 Que signifient *moutons de Panurge* et *pantagruélique* ?

À SAVOIR

L'HUMANISME

L'humanisme est un mouvement intellectuel de la Renaissance fondé sur la redécouverte de la culture gréco-latine. L'imprimerie permet de diffuser les savoirs, et comme la culture est le fondement de l'épanouissement de l'homme, la pédagogie est centrale aux yeux des humanistes. Pour Rabelais comme pour Montaigne, l'élève doit s'inspirer des modèles antiques, sans en être esclave ; les sciences, les arts et l'exercice physique sont également importants. Politiquement, les humanistes optent pour une monarchie modérée. Ils s'opposent aux guerres offensives. Enfin, ils s'intéressent aux grandes découvertes et voyagent pour découvrir de nouveaux horizons.

Lire

Texte 10

1 Comment l'auteur vante-t-il son livre (p. 59-61) ? Relevez ses arguments.

2 Quels pronoms personnels Marco Polo utilise-t-il pour parler de lui ? Pourquoi ?

3 P. 60, l. 16-23 : Qu'est-ce que Marco Polo veut prouver par ce passage ?

4 Repérez le passage où Marco Polo fait son autoportrait et commentez-le.

5 P. 61 : Qu'est-ce que Marco Polo regrette dans cette page ?

6 Qui sont les auteurs de l'ouvrage ?

7 Qu'annonce la dernière phrase ?

Texte 28

8 Relevez et commentez tous les termes qui associent directement ou indirectement les Indiens au monde animal.

9 Quel est le but de Léry dans cet extrait ? Le titre en rend-il compte ?

10 Relevez les passages où Jean de Léry donne des explications au lecteur afin de se faire mieux comprendre.

11 Quels sont les détails qui témoignent de la réalité de ce monde étranger qu'est le Brésil ?

12 Comment Léry rend-il son texte vivant ?

13 Montrez que Léry présente les Indiens de façon valorisante.

14 P. 127, l. 38-43 : Que montre cette réaction ? Pourquoi Léry la souligne-t-il ?

Texte 29

15 P. 128, l. 2 : Pourquoi le terme « cérémonies » est-il important ? Montrez que ce sacrifice est organisé en en relevant les différentes étapes tout au long du texte.

16 Relevez les expressions qui montrent que Léry a conscience de se répéter (p. 130-132).

17 Qualifiez en quelques mots la réaction de la future victime.

18 Relevez les marques de jugement de Léry. Sont-elles nombreuses ?

19 P. 131, l. 86 : Que montre une telle exclamation ?

Texte 30

20 P. 133, l. 5-8 : Qu'annonce Léry par ces lignes ?

21 Montrez que ce texte mêle plusieurs temps et plusieurs lieux. Lesquels ?

22 P. 134, l. 19-30 : Comment appelle-t-on ce type de questions ? Quel rôle jouent-elles ici ?

23 Quelle comparaison animalière Léry utilise-t-il ? En quoi diffère-t-elle de celles du texte 28 ?

24 Quelle différence Léry fait-il entre la barbarie des Français et celle des Indiens (p. 134) ? En faveur de qui penche-t-il ? Pourquoi ?

25 Quelle conclusion Jean de Léry veut-il qu'on tire de son texte ?

Écrire

26 Vous êtes le compagnon de cellule de Marco Polo. Vous décidez d'écrire vos mémoires et rapportez votre rencontre et votre collaboration avec le voyageur vénitien.

27 Rédigez la préface du livre que vous venez d'écrire sur un nouveau territoire. Votre texte doit inciter le lecteur à vous lire.

28 Texte 28 : Imaginez le récit amusé qu'un Indien de retour au village pourrait faire de l'épisode du « sauvetage ».

Chercher

29 P. 133, l. 16-18 : Que sont la Saint-Barthélemy et les guerres de Religion ?

30 Cherchez l'étymologie et l'évolution des mots *sauvage* et *barbare*.

31 Renseignez-vous sur les découvertes du XVIe siècle (surtout le Brésil).

32 Qu'est-ce qu'un ethnologue ?

33 Quel est le sens étymologique de *cruelle* et de *cruauté* ? Est-ce important ici ?

LE RÉCIT DE VOYAGE

On trouve des récits de voyage aussi bien dans l'Antiquité qu'au Moyen Âge mais ils sont le plus souvent marqués par la plus extrême fantaisie (quoi qu'en dise Marco Polo dans le texte 10). Au XVIe siècle, le genre connaît un grand développement, et certains auteurs, dont Jean de Léry est le meilleur exemple, vont s'attacher à donner des comptes rendus fidèles de ce qu'ils ont vu. Au XVIIIe siècle, les progrès de la marine relancent les grands voyages et de nouveaux récits sont publiés comme ceux de La Hontan, Cook ou Bougainville. Mais il faut attendre le XXe siècle pour qu'une approche véritablement scientifique permette de porter un regard plus objectif sur les peuples étrangers. Claude Lévy-Strauss, grand ethnologue, illustre ainsi le genre du récit de voyage et, dans *Tristes Tropiques,* rend hommage à Léry comme à l'un des premiers Européens ayant porté sur les peuples primitifs un regard en partie détaché de ses préjugés.

POUR COMPRENDRE

Lire

1 Quels sont les différents vers utilisés dans ces poèmes ?

Texte 19

2 Retrouvez dans ce poème les différentes caractéristiques de la ballade. Est-ce une grande ou une petite ballade (voir « À savoir » ci-contre) ?

3 Expliquez le titre du poème.

4 P. 93, v. 10 : À quelle expression vous fait penser ce vers ?

5 Sur quelle figure de style est construit ce poème ?

6 Soulignez les noms qui ne sont pas accompagnés d'un déterminant. Est-ce encore possible en français ?

7 Relevez les vers qui montrent que ce poème est plus sérieux qu'il n'y paraît.

Texte 20

8 Retrouvez dans ce poème les différentes caractéristiques du rondeau.

9 P. 96, v. 1 : Comment s'appelle cette figure de style ? Commentez.

10 De quelle saison le poète parle-t-il finalement le plus dans ce poème consacré à l'hiver ?

Texte 21

11 Retrouvez-vous les caractéristiques du rondeau ?

12 Sur quelle figure de style repose tout le poème ? Analysez-la précisément.

Texte 31

13 Relevez toutes les oppositions du poème. Que soulignent-elles ?

14 En quoi la strophe 1 est-elle différente du reste du poème ?

15 P. 135, v. 10 : Comment faut-il prononcer *audacieux* pour obtenir un alexandrin ? Comment appelle-t-on cette façon de prononcer le mot ?

Texte 32

16 À qui s'adresse le poète ? Quelle est sa demande ?

17 Quelle forme de strophe et de vers Ronsard utilise-t-il ?

18 Analysez la métaphore finale (v. 15-18). À quoi sert-elle ?

Texte 33

19 Relevez les oppositions du poème. Quel effet produisent-elles ?

20 Quelle vision de l'amour Louise Labé transmet-elle au lecteur ?

21 Comparez les situations d'énonciation des textes 32 et 33. En quoi diffèrent-elles ?

POUR COMPRENDRE

Écrire

22 Écrivez un rondeau en décasyllabes, également fondé sur une métaphore filée, sur l'été ou l'automne.

23 Sur le modèle du texte 31, exprimez la nostalgie d'un lieu dont vous êtes séparé(e).

Chercher

24 Dans quel mouvement culturel s'inscrivent Du Bellay et ses amis ?

25 Quels sont les auteurs marquants de l'école lyonnaise ?

26 Qu'est-ce qu'on appelle les *Felix qui* ?

27 Texte 31 : Cherchez l'étymologie de *nostalgie.*

28 Texte 32 : Qu'est-ce qu'on appelle le *Carpe diem* ?

À SAVOIR

LA POÉSIE : QUELQUES FORMES FIXES

– Le *rondeau* (ou danse en « rond ») est une forme sur laquelle on dansait. Il comporte trois strophes (de 3, 4, 5 ou 6 vers). Il est construit sur deux rimes et un refrain qui revient de façon régulière. Le vers utilisé est le décasyllabe ou l'octosyllabe. Il est construit de manière circulaire (début et fin identiques) et se prête à l'expression des sentiments et des émotions.

– La *ballade* (du provençal *balar*, « danser ») est également médiévale. Elle se compose de trois strophes et demie (trois dizains et un quintil ou trois huitains et un quatrain). La demi-strophe finale, appelée « envoi », commence souvent par une apostrophe : (« Prince », « Sire »...). Enfin, chaque strophe se termine sur un refrain. Les strophes sont carrées (même nombre de syllabes dans un vers que de vers dans une strophe). Le poème est écrit sur trois rimes (abab, bcbc et bcbc). On distingue la grande de la petite ballade qui est composée de vingt-huit octosyllabes sur un sujet léger. La grande ballade traite un sujet plus grave en décasyllabes.

– Le *sonnet,* né en Sicile au XIIIe siècle, est introduit en France en 1536. Il comporte deux quatrains et deux tercets. Les rimes sont embrassées et semblables dans les quatrains (abba-abba). Dans les tercets, on trouve deux schémas possibles (ccd-ede et surtout ccd-eed). Il est composé en décasyllabes ou en alexandrins. Le dernier vers, la chute, est inattendu.

REFLETS MODERNES

Les auteurs et les textes présentés dans ce recueil ont été les inspirateurs de générations d'écrivains : les emprunts, les reprises, les parodies, les allusions, ce qu'on nomme « l'intertextualité », montrent la présence vivante à travers les siècles de la littérature médiévale et renaissante. Les exemples suivants se proposent de montrer comment s'est maintenue cette présence des textes anciens au XXᵉ siècle, ainsi qu'Aragon l'a si bien dit : « le bel autrefois habite le présent. »

John Ronald Reuel Tolkien (1892-1973)

Bilbo le Hobbit, chapitre V « Énigmes dans l'obscurité », (1937), traduit de l'anglais par Francis Ledoux, © Christian Bourgois Éditeur, 2001.

Avant d'écrire *Le Seigneur des anneaux*, J.R.R. Tolkien invente l'histoire de Bilbo Baggins. C'est une créature imaginaire, un hobbit, parti en quête d'un trésor. En chemin, il trouve un anneau d'invisibilité qui va lui permettre d'échapper à ses ennemis. Tolkien, professeur à Oxford, féru des anciennes légendes, se souvient ici de Chrétien de Troyes (voir texte 3, p. 18-24).

Quand Bilbo ouvrit les yeux, il se demanda s'il les avait effectivement ouverts : il faisait tout aussi sombre que quand il les avait fermés. Il n'y avait personne où que ce fût auprès de lui. Imaginez sa peur ! Il n'entendait rien, ne voyait rien, et il ne pouvait rien sentir que la pierre du sol.

Très lentement, il se redressa et se mit à tâtonner à quatre pattes jusqu'à ce qu'il eût touché la paroi du tunnel ; mais, ni en montant ni en descendant, il ne put rien découvrir, rien du tout ; aucune trace de gobelins, aucune trace de nains. La tête lui tournait et il était loin d'être certain de la direction qu'ils suivaient au moment de sa chute. Il devina de son mieux et rampa un bon bout de chemin jusqu'au moment où sa main rencontra soudain un objet qui lui parut être un minuscule anneau de métal froid, gisant sur le sol du tunnel. C'était un tournant de sa carrière, mais il n'en savait rien. Il mit l'anneau dans sa poche presque machinalement, l'objet ne paraissait certes d'aucune utilité sur le moment. Il n'alla pas beaucoup plus loin, mais s'assit sur le sol froid pour s'abandonner un long moment à un complet désespoir. Il se vit en train de faire frire des œufs au lard dans sa cuisine, à la maison – car il sentait en lui qu'il était grand temps de prendre quelque repas ; ce qui ne fit que le rendre plus misérable encore.

[*Entre-temps Bilbo rencontre une créature inquiétante et dangereuse : Gollum*]

« Qu'avez-vous perdu ? » persista à demander Bilbo.

Mais à ce moment la lumière dans les yeux de Gollum était devenue un feu vert et elle s'approchait rapidement. Gollum était de nouveau dans sa barque ; il pagayait furieusement en direction de la rive noire, et il avait au cœur une telle rage causée par sa perte et ses soupçons que nulle épée ne lui faisait plus peur.

Bilbo ne pouvait deviner ce qui avait exaspéré la misérable créature, mais il vit que tout était fini et que Gollum se proposait de le tuer de toute façon. Juste à temps, il tourna les talons et se rua dans le passage par lequel il était venu, longeant la paroi qu'il tâtait de la main gauche.

« Qu'est-ce que ça a dans ses poches ? entendait-il siffler fortement derrière lui – et en même temps s'éleva le floc de Gollum sautant de sa barque.

– Qu'ai-je, je me le demande ? » se dit-il pantelant et trébuchant.

Il fourra la main gauche dans sa poche. L'anneau lui parut très froid comme il le glissait doucement à son index tâtonnant.

Le sifflement était juste derrière lui. Il se retourna alors et il vit monter le long de la pente les yeux de Gollum, semblables à de petites lampes vertes. Terrifié, il tenta de courir plus vite, mais soudain ses orteils butèrent contre une aspérité du sol, et il tomba tout de son long sur sa petite épée.

En un instant, Gollum fut sur lui. Mais avant que Bilbo n'eût pu rien faire, retrouver son souffle, se redresser ou agiter son épée, Gollum passa sans lui prêter la moindre attention, jurant et chuchotant dans sa course.

Qu'est-ce que cela voulait dire ? Gollum voyait dans le noir. Bilbo apercevait la lumière de ses yeux qui brillaient d'une lueur pâle même par-derrière. Il se leva péniblement, rengaina son épée qui de nouveau luisait faiblement, et suivit Gollum avec grande circonspection. Il semblait qu'il n'y eût rien d'autre à faire. Rien ne servait de retourner en rampant vers le lac. Peut-être, s'il le suivait, Gollum le conduirait-il inconsciemment vers quelque issue.

« Que ça soit maudit ! maudit ! maudit ! sifflait Gollum. Que le diable emporte le Baggins. Ça a disparu ! Qu'est-ce que ça a dans ses poches ? Oh ! on le devine, on le devine, mon trésor. Il l'a trouvé, oui, nul doute. Mon cadeau d'anniversaire. »

Bilbo dressa l'oreille. Il commençait à deviner lui-même. Il pressa un peu le pas pour se rapprocher autant qu'il l'osait de Gollum, qui marchait toujours vite, sans regarder en arrière, mais tournant la tête de part et d'autre, comme Bilbo pouvait le constater, au faible reflet sur les parois.

[*Ayant échappé à Gollum, Bilbo Baggins risque d'être rattrapé par des gobelins : au moment de sortir son ventre reste coincé dans la porte.*]

Soudain, l'un des gobelins qui se trouvaient à l'intérieur cria : « Il y a une ombre près de la porte. Il y a quelque chose dehors ! »

Bilbo sentit son cœur lui monter à la gorge. Il se rua dans un terrible tortillement. Les boutons sautèrent de tous côtés. Il était passé, veste et gilet arrachés, et il dévala les marches en sautant comme un cabri, tandis que les gobelins ahuris ramassaient encore ses jolis boutons de cuivre sur le seuil.

Ils ne tardèrent pas, naturellement, à le suivre et à le pourchasser à grands cris parmi les arbres. Mais ils n'aiment pas le soleil, qui les fait vaciller et qui leur tourne la tête. Ils ne pouvaient découvrir Bilbo : l'anneau au doigt, il se glissait dans l'ombre des arbres et n'en sortait que pour traverser vivement et sans bruit les taches de soleil ; ils rentrèrent donc bientôt, grognant et jurant, pour garder la porte. Bilbo s'était échappé.

Louis Aragon (1897-1982)

« D'une forêt qui ressemble à s'y méprendre à la mémoire des héros, Brocéliande », *La Diane française*, © Seghers, 1944.

En 1942, pendant la Seconde Guerre mondiale, le poète Louis Aragon reprend l'imagerie appartenant aux légendes médiévales de Brocéliande, forêt légendaire où les romans de la Table ronde faisaient vivre l'enchanteur Merlin et la fée Viviane. Il y transpose la situation d'alors et Brocéliande, pleine de monstres et de héros, devient une image de la France occupée.

Et le monde est pareil à l'ancienne forêt
Cette tapisserie à verdures banales
Où dorment la licorne et le chardonneret

Rien n'y palpite plus des vieilles saturnales[1]
Ni la mare de lune où les lutins dansaient
Inutile aujourd'hui de lire le journal

---

1. Fêtes romaines dédiées au dieu du Temps, Saturne.

Reflets modernes

Vous n'y trouverez pas les mystères français
La fée a fui sans doute au fond de la fontaine
Et la fleur se fana qui chut[1] de son corset

Les velours ont cédé le pas aux tiretaines[2]
Le vin de violette est pour d'autres grisant
Les rêves de chez nous sont mis en quarantaine

Mais le bel autrefois habite le présent
Le chèvrefeuille naît du cœur des sépultures[3]
Et l'herbe se souvient au soir des vers luisants

Ma mémoire est un champ sans appoggiatures[4]
Un manège qui tourne avec ses chevaliers
Et le refrain qu'il moud vient du cycle d'Arthur

Les pétales du temps tombent sur les halliers
D'où soudain de ses bois écartant les ramures
Sort le cerf que César orna de son collier[5]

L'hermine s'y promène où la source murmure
Et s'arrête écoutant des reines chuchoter
Aux genoux des géants que leurs grands yeux émurent
Chênes verts souvenirs des belles enchantées
Brocéliande abri célèbre des bouvreuils

---

1. Tomba.
2. Tissus ordinaires, par opposition aux velours.
3. Ce vers fait référence à Tristan et Yseut : ils avaient l'habitude de se retrouver dans la forêt grâce à des signes : du chèvrefeuille enroulé autour des arbres. De plus, à leur mort, ils furent enterrés côte à côte. Un arbre (un rosier sauvage) pousse alors de la tombe de Tristan et plonge dans celle d'Yseut.
4. Les appoggiatures, en musique, sont des petites notes qui accompagnent la mélodie principale.
5. César, lors de la conquête de la Gaule, se serait trouvé face à un renne. N'en ayant jamais vu, il pensa se trouver face à un dieu et l'honora.

Jean Giono (1895-1970)

Un roi sans divertissement (1947), © Éditions Gallimard.

Dans les années 1850, dans la région du Trièves, au sud de la France, le gendarme Langlois a exécuté un meurtrier en série. Désœuvré, il ne trouve plus de sens à son existence. Il découvre que lui aussi a été contaminé par le goût du sang. Peu après, il se suicide pour échapper à la fatalité du meurtre. Giono reprend la célèbre scène des gouttes de sang sur la neige du *Conte du Graal* (voir texte 7, p. 39-47) : son personnage fait une expérience fascinante. Mais contrairement à Perceval, cela va le perdre.

– Il m'a dit : « Est-ce que tu as des oies ? » J'y ai dit : « Oui, j'ai des oies ; ça dépend. » – « Va m'en chercher une. » J'y dis : « Sont pas très grasses », mais il a insisté, alors j'y ai dit : « Eh bien, venez. » On a fait le tour du hangar et j'y ai attrapé une oie.

Comme elle s'arrête, on lui dit un peu rudement :

– Eh bien, parle.

– Bien, voilà, dit Anselmie… C'est tout.

– Comment, c'est tout ?

– Bien oui, c'est tout. Il me dit : « Coupe-lui la tête. » J'ai pris le couperet, j'ai coupé la tête à l'oie.

– Où ?

– Où quoi, dit-elle, sur le billot, parbleu.

– Où qu'il était ce billot ?

– Sous le hangar, pardi.

– Et Langlois, qu'est-ce qu'il faisait ?

– Se tenait à l'écart.

– Où ?

– Dehors le hangar.

– Dans la neige ?

– Oh ! il y en avait si peu.

– Mais parle. Et on la bouscule.

– Vous m'ennuyez à la fin, dit-elle, je vous dis que c'est tout. Si je vous dis que c'est tout c'est que c'est tout, nom de nom. Il m'a dit : « Donne. » J'y ai donné l'oie. Il l'a tenue par les pattes. Eh bien, il l'a regardée saigner dans la neige. Quand elle a eu saigné un moment, il me l'a rendue. Il m'a dit : « Tiens, la voilà. Et va-t'en. » Et je suis rentrée avec l'oie. Et je me suis dit : « Il veut sans doute que tu la plumes. » Alors, je me suis mise à la plumer. Quand elle a été plumée, j'ai regardé. Il était toujours au même endroit. Planté. Il regardait à ses pieds le sang de l'oie. J'y ai dit : « L'est plumée, monsieur Langlois. » Il ne m'a pas répondu et n'a pas bougé. Je me suis dit : « Il n'est pas sourd, il t'a entendue. Quand il la voudra, il viendra la chercher. » Et j'ai fait ma soupe. Est venu cinq heures. La nuit tombait. Je sors prendre du bois. Il était toujours là au même endroit. J'y ai de nouveau dit : « L'est plumée, monsieur Langlois, vous pouvez la prendre. » Il n'a pas bougé. Alors, je suis rentrée chercher l'oie pour la lui porter, mais, quand je suis sortie, il était parti.

Raymond Queneau (1903-1974)

Extrait de *L'Instant fatal* (1948), © Éditions Gallimard.

À la suite d'une déconvenue amoureuse, Queneau écrit une variation sur la fameuse « Ode à Cassandre » (voir texte 32, p. 137-138). Cette libre adaptation mise en musique sera un succès de la chanson d'après-guerre.

Reflets modernes

Si tu t'imagines
si tu t'imagines
fillette fillette
si tu t'imagines
xa va xa va xa
va durer toujours
la saison des za
la saison des za
saison des amours
ce que tu te goures
fillette fillette
ce que tu te goures

Si tu crois petite
si tu crois ah ah
que ton teint de rose
ta taille de guêpe
tes mignons biceps
tes ongles d'émail
ta cuisse de nymphe
et ton pied léger
si tu crois petite
xa va xa va xa va
va durer toujours
ce que tu te goures
fillette fillette
ce que tu te goures

les beaux jours s'en vont
les beaux jours de fête

Reflets modernes

soleils et planètes
tournent tous en rond
mais toi ma petite
tu marches tout droit
vers sque tu vois pas
très sournois s'approchent
la ride véloce
la pesante graisse
le menton triplé
le muscle avachi
allons cueille cueille
les roses les roses
roses de la vie
et que leurs pétales
soient la mer étale
de tous les bonheurs
allons cueille cueille
si tu le fais pas
ce que tu te goures
fillette fillette
ce que tu te goures

BIBLIOGRAPHIE

• **Littérature de jeunesse**
- *Les Portes de Vannes*, Évelyne Brisou-Pellen, Livre de Poche Jeunesse.
- *Le Fantôme de maître Guillemin*, Évelyne Brisou-Pellen, Folio Junior.
- *L'Hiver des loups*, Évelyne Brisou-Pellen, Folio Junior.
- *Le Crâne percé d'un trou*, Évelyne Brisou-Pellen, Folio Junior.
- *Le Chevalier au bouclier vert*, Odile Weulersse, Livre de Poche Jeunesse.
- *Le Vœu du paon*, Jean-Côme Nogues, Folio Junior.
- *Les Enchantements de Merlin*, François Johan, Casterman.
- *Guillaume d'Orange*, Jean-Pierre Tusseau, École des Loisirs.
- *Ivanhoé*, Walter Scott, « Classiques abrégés », École des Loisirs.
- *Quentin Durward*, Walter Scott, « Classiques abrégés », École des Loisirs.

• **Ouvrages illustrés**
- *Ils inventèrent le nouveau monde*, Jean-Olivier Héron et Jeanne Henriette Louis, « Découvertes » n° 90, Gallimard, 1990.
- *Quand les cathédrales étaient peintes*, Alain Erlande-Brandenburg, « Découvertes » n° 180, Gallimard, 1993.
- *Montaigne*, Jean-Yves Pouilloux, « Découvertes » n° 23, Gallimard, 1987.
- *Rabelais*, Jean-Yves Pouilloux, « Découvertes » n° 181, Gallimard, 1993.
- *L'Orient des Croisades*, Georges Tate, « Découvertes » n° 129, Gallimard, 1991.
- *Pourquoi la peste ?*, Jacqueline Brossollet et Henri Mollaret, « Découvertes » n° 229, Gallimard, 1994.
- *Marco Polo et la route de la soie*, Jean-Pierre Drège, « Découvertes » n° 53, Gallimard, 1989.
- *Les Dialogues du prince et du poète. Littérature française de la Renaissance*, Marie-Madeleine Fragonard, « Découvertes » n° 80, 1990.
- *Christophe Colomb, amiral de la mer océane*, Michel Lequenne, « Découvertes » n° 120, Gallimard, 1991.

SITES INTERNET

- www.ac-versailles.fr/pedagogi/Lettres/bibcolnp.htm (bibliographie à l'intention des professeurs).
- www.cssh.qc.ca/projets/carnetsma/index2.html (site médiéval entièrement francophone).
- www.musee-moyenage.fr/(site du musée de Cluny avec un espace jeunesse).

FILMOGRAPHIE

– *Le Seigneur des anneaux*, Peter Jackson, 2001-2003.
– *1492 Christophe Colomb*, Ridley Scott, 1990.

VISITER

Musée national du Moyen Âge – Thermes et hôtel de Cluny –
6, place Paul Painlevé 75005 Paris.
Tous les jours sauf le mardi, de 9 h 15 à 17 h 45 – 01 53 73 78 00.

Classiques & Contemporains

SÉRIES COLLÈGE ET LYCÉE

1 **Mary Higgins Clark,** *La Nuit du renard*
2 **Victor Hugo,** *Claude Gueux*
3 **Stephen King,** *La Cadillac de Dolan*
4 **Pierre Loti,** *Le Roman d'un enfant*
5 **Christian Jacq,** *La Fiancée du Nil*
6 **Jules Renard,** *Poil de Carotte* (comédie en un acte),
   suivi de *La Bigote* (comédie en deux actes)
7 **Nicole Ciravégna,** *Les Tambours de la nuit*
8 **Sir Arthur Conan Doyle,** *Le Monde perdu*
9 **Poe, Gautier, Maupassant, Gogol,** *Nouvelles fantastiques*
10 **Philippe Delerm,** *L'Envol*
11 *La Farce de Maître Pierre Pathelin*
12 **Bruce Lowery,** *La Cicatrice*
13 **Alphonse Daudet,** *Contes choisis*
14 **Didier van Cauwelaert,** *Cheyenne*
15 **Honoré de Balzac,** *Sarrazine*
16 **Amélie Nothomb,** *Le Sabotage amoureux*
17 **Alfred Jarry,** *Ubu roi*
18 **Claude Klotz,** *Killer Kid*
19 **Molière,** *George Dandin*
20 **Didier Daeninckx,** *Cannibale*
21 **Prosper Mérimée,** *Tamango*
22 **Roger Vercel,** *Capitaine Conan*
23 **Alexandre Dumas,** *Le Bagnard de l'Opéra*
24 **Albert t'Serstevens,** *Taïa*
25 **Gaston Leroux,** *Le Mystère de la chambre jaune*
26 **Éric Boisset,** *Le Grimoire d'Arkandias*
27 **Robert Louis Stevenson,** *Le Cas étrange du Dr Jekyll et de M. Hyde*
28 **Vercors,** *Le Silence de la mer*
29 **Stendhal,** *Vanina Vanini*
30 **Patrick Cauvin,** *Menteur*
31 **Charles Perrault, Mme d'Aulnoy, etc.,** *Contes merveilleux*
32 **Jacques Lanzmann,** *Le Têtard*
33 **Honoré de Balzac,** *Les Secrets de la princesse de Cadignan*

NOTES PERSONNELLES

NOTES PERSONNELLES

Couverture
Conception graphique : Marie-Astrid Bailly-Maître
Choix iconographique : Cécile Gallou
Iconographie : *Yvain, le Chevalier au lion, combattant un dragon*, miniature du
Roman de Lancelot, école française, xve siècle, bibliothèque de l'Arsenal, Paris.

Intérieur
Conception graphique : Marie-Astrid Bailly-Maître
Édition : Aude André
Réalisation : Nord Compo, Villeneuve-d'Ascq

© **Éditions Magnard, 2005 – Paris**

www.magnard.fr

Achevé d'imprimer en novembre 2008 par Aubin Imprimeur
N° d'éditeur : 2008/360 - Dépôt légal juin 2005 - N° d'impression L 72567
Imprimé en France